商周學院

視野、膽識、思考力，競爭未來的學習

首席房產顧問**葉國華** 這樣做，豪宅客戶黏著他

利他，才是房仲該做的事

葉國華——口述 鄭心媚——執筆

誠意推薦

中華電信研究院院長兼電信學院院長 **陳祥義**

新日光能源科技執行長 **洪傳獻**

聚陽實業董事 **黃宏仁**

商業周刊
商周學院

推薦序

要做好業務，先利他

陳祥義

葉國華是中華電信「顧問式行銷課程」的講師，因為上課時談到許多服務實例，再加上他會講又會演，課堂上一人分飾好幾角，上課方式活潑熱鬧，讓中華電信各區業務經理收穫良多，因此房仲出身的他，卻跟中華電信結下不解之緣。

很多人可能覺得奇怪，賣房子跟電信業有什麼關係？表面上看起來的確八竿子打不著，但談到業務、服務，卻是一體的，聽過葉國華講課後，更能深刻理解，不管是什麼產品，要能順利賣出，最關鍵就在能否「解決客戶問題」，能做到這一點，不管是房子還是電信；不管是公司還是個人；大戶還是小戶，都能無往不利。

這就是葉國華在本書中提到的「利他」觀念。跟過去強調的業務、販售很不同，葉國華認為所有販售行為，根本上都是一種「服務」，得先滿足客戶的需求，才能順利把東西推銷出去，也才能讓自己獲利，所以要做好業務，就是要先利他，到最後才能將「利」回饋到自己身上。

葉國華的這套觀念，在中華電信課堂上引起很大迴響，許多業務經理受到很大震撼，仔細思考，甚至實際應用後，很多人發現，過去推動不了的業務，現在都有了很大轉變，有助於中華電信這幾年致力提升服務的品質。

有位分區業務經理分享，以前他到其他公司拜訪，一有機會，就忙著介紹中華電信的各種方案，但結果都不怎麼好，常常是他講得口沫橫飛，對方聽得一頭霧水，結果是一個方案都沒推銷出去。

聽了葉國華的分享後，這位業務經理改變做法，上門推薦時，先不急著開口，反而先聽公司負責人對中華電信有沒有抱怨與期望，甚至連對方公司的業務、未來規畫，都一一了解，再由此找到對方公司需求，推薦符合需求的方案，果然一一售出。

看起來好像很神奇，但仔細分析葉國華的業務精髓，不難發現，其實一點魔法也沒有，就是站在對方立場，思考對方需求，幫對方找到解決方案，如此而已。

而這套行銷方式的思考邏輯，不只在房屋買賣上，在其他各式各類業務，甚至職場、事業的推展，都是相當實用的基礎。

現在他將課堂上的精華，加上多年實務經驗，匯集成冊，寫成本書，讓許多在業務甚至工作上摸索的人，知道努力的方向，以及實際的做法，相信能幫助更多的人，創造更好的人生。

（本文作者爲中華電信研究院院長兼電信學院院長）

推薦序

了解就是答案

洪傳獻

我跟葉國華認識將近三十年了，我們是一起練太極拳的同好，葉國華的太極拳打得很好，本以為他是為了練身體，沒想到，他跟我一樣，領悟出太極拳的人生哲學，將之運用在生活、工作上，因此獲益不少。

太極拳講究出拳的時候，要先摸清楚對方底細，將對方的力量引導出來，才能獲勝，強硬出拳反而暴露自己的缺點，這就是「利他」的含義，也是太極拳重要的心法。

將之拿到商場上，尤其有用，一件事情，一定要找到對方跟自己都能獲得好處的方案，否則根本無法談成，這是「利他」在商場上的應用。道理很多人都知道，但要真正做到，卻不是那麼容易，因為「利他」之前，得先徹底了解對方。

太極拳有個口訣：「人不知我，我獨知人，英雄所向無敵。」講的就是這個道理。放在孫子兵法裡說，就是「知己知彼，百戰百勝。」將之應用在商場談判、事業發展，不管是業務開發，還是服務客戶，都能發揮極大效用。

我假日沒事經常去看房子，遇過許多糟糕的仲介，一碰上我，也不管我的需求是什麼，只是一古腦把他認為好的拚命塞給我，結果可想而知，我轉頭就走，不但打消買房的念頭，也不想再跟仲介有來往。

但葉國華不一樣，他在推銷房子之前，一定先了解對方要什麼，然後提出相對應方案，讓交易順利進行。我之前買房子，都是透過他幫忙，一方面是我了解他為人誠實可靠，另一方面是他透過對我的認識，就能提出我需求的方案，所以看房、買房過程順利、快速。

我認為這是他二、三十年來將太極拳功夫內化成做事方法、原則的結果，才能讓他在仲介業一路攀升，從經紀人到成為首席豪宅顧問。

道理說起來容易，真正要做到，甚至內化成自己的功夫，卻不是那麼簡單，沒有實際經過冗長痛苦的錘鍊，是做不到的。

現在，葉國華將他多年自我鍛鍊的過程、體驗及心得，詳細而無私的分享出來，給許多人指引，在面對工作、事業甚至人生問題的時候，該抱持什麼樣的態度、秉持什麼樣的思考方式、做事方法，才能將太極功夫內化成自己的做事方法，面對任何問題，都能安然度過。

跟大家分享我的心得，遇到問題時，要做的不是想辦法解決問題，而是「想辦法了解」，了解之後，解決方案自然浮現出來，抱怨與壓力，都是不必要的，「了解就是答案」。

（本文作者爲新日光能源科技股份有限公司執行長）

推薦序

商場生存必要模式

黃宏仁

葉國華的出身背景跟我相似，都是白手起家，從無到有的打出自己的天下。本書詳述他一路不斷從錯誤、經驗裡累積出來的處事哲學，提到的許多觀念，跟我多年來創業的心得相仿，其實就是成功者的態度。

想要當第一名，就要有第一名的本事跟投入，雖然景氣起伏、大環境，都會影響工作的成就，可是這些挫折都會過去。我發現，能挺過失敗，最後趁勢而起成功的，都是在低潮時，能「認錯」的人，才能在時機來時，反轉命運，一飛沖天。

創業時，我選擇到菲律賓投資設廠，第二年就遭遇菲幣從一美元兌三十多元，一路飆升到二十二元，匯率翻漲，讓我剛起步的事業遭遇很大衝擊，別人都覺得我命不好，但我卻認為沒有關係，低潮反而可以看到自己缺點，加以補強的機會。果然幾年後亞洲金融風暴，我趁勢而起，公司也才逐漸擴大，有了今天的規模。

低潮，就是蹲馬步，把根基扎得更穩的時候。不只我，我的員工，身邊的朋友，包括葉國華都是如此，我們都有「勇於認錯」、「積極」學習的態度，才能不斷往前邁進，這是成功者的基本要件。

「利他」這個觀念也是，現在是微利時代，每個人都斤斤計較自己的獲利與得失，很多人誤以為，既然這樣，商場上就得錙銖必較，絕對不能讓自己吃虧。但這樣的想法、做法，反而讓生意做不久。我的看法是，利益越是難得，就更要跳脫以自己為出發點的思考方式，站在對方的角度，找到你賺、我賺，彼此都能公平獲利的方案，事業才能長久。如果彼此獲利不平衡，即使一時賺了大錢，也常常沒有下次機會了。

對員工的管理也是如此，如果只希望員工賣命，卻吝於付出，包括薪水、員工的生涯規畫、進修，就無法留住好員工，人才流失嚴重，企業自然無法持續成長。

所以「利他」看起來好像是在唱高調，但其實是目前商場長久生存的必要模式。

「人脈」經營成功，是葉國華今天成功的最大關鍵，他服務的都是頂級豪宅客戶，坦白說，這類客人並不好應付，可是他都能服務得很好。我的觀察，是因為他是個很真誠的人，對人用心、有禮，絕不貪求不屬於自己的報酬，這點讓人很放心，不但願意把買、賣房屋這麼重大的決定，交給他處理，更樂於跟他當朋友。事實上，從我找他買第一棟房屋開始，我們已經相識相交十多年了，這十多年來，房地產起起伏伏，但他待人的真心，都沒有改變。

我常常跟公司裡新進員工說，剛入社會時，前面三年，重要的不是薪水、職位，而是這個工作能不能讓你累積「人脈」與「能力」，該比較的不是那五百、一千，而是能學到什麼東西。

本書裡，提到許多葉國華在工作裡累積各項能力的實例與方法，對年輕人有很大參考價值，能協助年輕人在職場裡，找到正確鍛鍊自我能力的方法。

（本文作者為聚陽實業董事）

目錄

用「利他」結束亂象

生命之章——窮小子翻身記……201

前言

利他，很難嗎？

鄭心媚

在房仲業，葉國華是一則傳奇。他從來沒有跳槽過，二十五歲進入永慶房屋，一待就是二十三年，一路從小房仲、店長、部長晉升到首席房產顧問。他進入房仲業時，正值台灣經濟起飛，房地產投資方興未艾，突然湧現的龐大商機，對房仲來說卻是無比嚴苛的考驗。當時沒有定型化契約，也沒有不動產經紀管理條例，找房仲買賣房屋，就像到廟裡抽籤一樣，抽到好仲介才可保交易平安。「大家對房仲的想法都是，非不得已才用，用過後，最好不要再聯絡。」這是葉國華初入行的感受。

混亂的市場、惡劣的社會形象，既沒有嚇跑葉國華，也沒有將他帶向只看到錢的跑道上。他反而堅持，要在這樣的環境下，打造屬於自己的信用品牌，不但建立客戶對他的信賴，也讓他在一件件的成交案中，不斷墊高價值，累積出驚人的成交經驗與死忠客戶。

二十多年來，葉國華開拓經營的商圈遍及大台北地區，包括大安、天母、大直、新店等，除了原本交易活絡的大安區，每個商圈對當時才剛起步的連鎖房仲業來說，都是全新的市場，在缺乏資源、人脈、品牌價值的時代，葉國華一邊往前開展，一邊往後檢討，鑽研出獨到的成交心法，讓他成功打開每一個市場，其中還有許多是長年耕耘的房仲業者，始終無法突破的陣地。

要學會和失敗相處

新店的中央新村房屋市場，長久被里長把持，葉國華抱著服務心態，由利潤微薄的租屋下手，做出口碑後，再拓展出去，攻下買賣市場。

踏入士林、天母區時，葉國華從最棘手的分割店面下手，將小攤位的租約拉齊，再找來銀行續約承租，成為單一店面，順利賣掉兩年多都賣不掉的房子。就連山邊掛了三年乏人問津的透天別墅，都在他研究好區域、可能的買家後，算準掛廣告牌的時間，一個月內就順利賣掉。

至今二十三年的房仲生涯，葉國華成交的客戶超過三千多位，帶出二十多位店長，平均一年可以成交八間兩億豪宅，創下單店每月營收上千萬元的紀錄。這些驚人的成績，讓他近年來在各企業穿梭，成為當紅培訓課程講師。

看他現在踩在浪尖上，風光十足，但其實背後用盡苦心。別人站上巔峰，往往強調自己的成功之道，但葉國華不同，他常常提及的反而是自己的失敗與不足。

「我什麼都沒有！」是葉國華常掛在嘴邊的話，他時刻提醒著自己，沒有靠山、沒有勢力，沒有學歷、金錢的光環，拿了一手人生壞牌，他要思考的不是如何成功，而是如何面對失敗，跟失敗相處。

出身貧窮困窘，他知道自己沒有後盾，就努力自立，成為家人的後盾。踏入房仲業，被學姊罵白痴，他沒有憤怒，反而就真的將自己當成白痴，「對！在房仲業我就是白痴，什麼都不會，什麼都要學。」因此願意守在沒有人的工地，天天出門被拒絕、被罵，由此找到自己的缺點，發現能改善的地方。

在挫折裡找到「石中劍」

好不容易多年熬成店長、區域經理、部長，卻又遭遇長達十多年的台灣房市萎縮期，就連難得一見的SARS崩盤潮，都讓他遇見了。辛苦打出的好牌，在時代趨勢下，轉眼成了鬼牌。

葉國華沒有被鬼嚇跑，反而靜下心，重新來過，離開部長職位，由店長開始回到第一線、初始點，因為他知道，翻轉，得從底部而起。他的豪宅服務之路，因此打下扎實基礎。

轉入大直區，原本打不進的國宅市場，他由不計較回收的服務開始，讓成交的客戶領路，以口碑帶來大量客戶。就連從來沒有人成功進軍過的豪宅市場，都在葉國華帶看八十組豪宅客後，建立起豪宅客戶的名單與服務心法，順利踩進。

葉國華以細緻的服務為主、高深的專業為輔，加上絕不收紅包的正直形象，讓豪宅客戶對他從信賴再到產生黏著度，成為首席豪宅顧問，上市櫃老闆，隱世的房產大戶，都是他的長期客戶。

這張漂亮的成績單背後，葉國華只從一點出發：「利他」，這是他在失敗挫折裡，找到的「石中劍」，拿著這把劍，他無往不利，從平價公寓、住宅，一路往上開拓，在公司甚至房仲業還沒專注經營豪宅市場時，就開闢出一條豪宅道路。

「從利他開始想，那麼所有對策、想法、結局，就會改變。」葉國華從這裡開始思考，成功建立房仲的專業價值，受到尊敬的同時，也為自己帶來業績財富。

別人看到成功，葉國華看到失敗；別人努力往上爬，葉國華讓自己後退；別人想著自己，葉國華想著利他；這些不同的人生觀點，讓他踏出與眾不同的道路，而起始點就在於，他認知到自己的不足。

原來，學歷低、沒背景、景氣差都不是缺點，這些外在條件沒有好、壞，而是試金的磨練，是上天給予的隱藏禮物，只要能打開外表這些坑疤刺痛的包裝，就能收到裡頭閃亮豐沛的成果。

第一章

房仲業的光怪陸離

二十年來房仲業有長足進步，

但是仍無法滿足消費者的期待。

消費者提不出具體的想法很合理，但業者賺取巨額佣金後，

卻沒有提出更好的服務，就是一種退步。

1 無法滿足消費者期待的房仲業

仲介是個古老行業，但二十三年前我入行時，台灣的房仲還是個洪荒世界，消費者沒有門路，不易取得市場資訊，不容易將買、賣房子資訊傳遞出去。也不知有誰要買，如何定價？貸款該怎麼處理？交易安全如何保障？對消費者而言，賣房子這件事情困難重重，也充滿陷阱。

但對仲介業者而言，卻是個充滿龐大利益，處處是利基的好生意。當時大部分房仲業者多站在符合自己利益，而不是消費者利益的角度思考，所以不管是策略還是執行，就變成與消費者對立的立場。他們面對消費者沒有耐心，只期待消費者趕快做決定，催促成交，盡快賺到仲介費，但越是著急，就讓消費者越不安。

許多使用過「仲介」的人，都沒好印象，他是不得已才找上仲介，還要隨時提心吊膽，害怕被仲介坑殺、欺騙。

仲介坑殺消費者的常見手法有：

1 收紅包、賺差價

收紅包，是最常見的手法。除了直接要求買、賣方給紅包外，還有利用賣方想賣貴，買方想撿便宜的心態，在雙方間傳遞不正確的訊息，從兩邊偷偷賺到差價。

舉例來說，一棟價值約一千萬元的房子，賣方其實九百萬元就願意賣，而買方則願意出價一千萬元買下，這時仲介的操作空間就來了。企圖在中間賺取差價的仲介，並不會如實地傳遞買、賣雙方對價格的想法，而是取中間值，說服雙方以九百五十萬元成交。

仲介會告訴賣方：「如果我能幫你多賣五十萬元，除了佣金外，你多賣的五十萬元，我們一人一半，各分二十五萬元，如何？」對本來想賣九百萬元的賣方來說，多賺二十五萬元，當然好，也就答應仲介的要求。

一轉頭，仲介則是告訴買方：「我幫你談到九百五十萬元的價格，等於幫你省下五十萬元，除了佣金外，省下來的五十萬，我們對分，各自拿二十五萬元。」買方以為自己至少能省二十五萬元，也就欣然同意。

但雙方不知道，其實自己根本白白多付出了二十五萬元，而多出來的錢，全部落入仲介的口袋，一來一往間，仲介光是紅包就賺了五十萬元，加上原本的佣金，賣一棟房子可以淨賺將近百萬元之譜。

這種利用差價賺取紅包的方法，還是相對誠實的，至少仲介希望拿多少，會直接告訴消費者，還有一種更惡劣的方式，是利用「三角簽」的方式來賺差價。

所謂的「三角簽」就是除了買、賣雙方外，仲介找人頭先把物件買下，從中牟利。舉例來說，當仲介知道賣方九百萬元就賣，而買方出價一千萬時，中間出現了一百萬元的價差空間。仲介就會找來一位中間人頭，以九百萬元先將房子買下，然後再以一千萬元的價格售給真正的買方，這樣多一個轉手，仲介不只賺到雙方的仲介費用，更賺到一百萬元價差。

我剛入行時常常聽到類似情況，不管是哪種手法，當客戶發現自己信任委託的仲介，居然在背後偷偷賺差價、玩兩面手法要求紅包，都會很不舒服，這也是許多仲介被唾棄、憎恨的原因。

2 與投機客互相幫襯

仲介跟投機客維持很好的關係，在房市好的時候，情況更是明顯。有了投機客的幫忙，業績自動進來，仲介不須辛苦開拓客戶，除了業績獎金外，投機客更會給仲介紅包，甚至雙方講好分配的價差利益，讓仲介幫投機客跑腿賣命。時間一久仲介跟投機客會形成上、下游合作關係，投機客不須辛苦找房，仲介主動扣下好物件，仲介更不用開發客戶，業績自動就上門。

多數投機客買下房子後沒多久就賣掉，當然交給跟他有利益關係的仲介處理，對仲介來說，等於幫投機客買到房子後，馬上又有賣出的業績，是非常划算的交易模式。

但這種輕鬆好賺的模式卻會損害真正消費者的利益，同時讓仲介失去業務能力。

被投機客操控的仲介，有好的、便宜的物件就先丟給投機客，真正的消費者很難從仲介那裡找到好物件，通常都是投機客轉了好幾手，抬高價錢後，才能接觸到，消費者往往成為最大的損失者。

還有一種狀況是，偏向投機客利益的仲介，為了幫投機客抬高房價，就會幫著投機客說謊。許多投機客因為買、賣的房子都不是自住，裝修的時候只在乎門面好不好看，能不能抬高價錢，就會隨意修改格局：廁所污水排水管接到廚房去，馬桶一沖水就從廚房排水口衝出來；樑柱裂了沒關係，裝修包起來；漏水也無所謂，油漆粉刷看不出壁癌就好。房子瑕疵越多，對投機客來說，裝修後能夠賺取的差價就越多，所以許多投機客轉手的房子都是金玉其外、敗絮其中。

這些狀況，仲介都不會告訴買方，甚至面對比較敏感的買方詢問：「房子才剛裝潢好，為什麼要賣？」仲介還會幫投機客編出一套故事：屋主工作突然調動、本來要結婚後來破局等看似合理的藉口，取信買方。

買方一開始會相信，但買下房子住進去後，總會跟鄰居聊天，不久就會發現，原來這是投機客買下裝修後售出的房子，轉手就賺了好幾百萬，買方成了冤大頭。

跟投機客建立長期合作關係的仲介，為了協助投機客成交，賺取佣金、紅包，什麼話都講得出來，置消費者的權益不顧，非常要不得。過去我嚴格禁止旗下房產經紀人跟投機客合作，除了不希望經紀人為了錢犧牲消費者，更嚴重的是，我發現，投機客對房仲來說根本就是「包著糖衣的毒藥」，一旦吃了，仲介就會被眼前輕鬆又快速的賺錢方法吸引，失去正常的工作、作業能力。

這類仲介在加盟店比較常見，因為有些加盟店並不聘雇經紀人，而是租張桌子給經紀人，讓經紀人靠行而已。加盟店跟經紀人沒有僱傭關係，不需要負擔經紀人的其他責任，反正房子買、賣交易量大，加盟店抽的利潤多就好。對經紀人來說，這裡賺完，再轉到別家店做，不需要為了維持信譽而努力，但這樣的經紀人只能賺一時，很難在這個行業長久待下去。

幫投機客隱瞞瑕疵屋

當年我剛接手新店的店長時，有間房屋剛成交，我的工作習慣是詳細檢查每件成交案，從中找出優缺點，作為下次交易的經驗。我仔細查看後卻發現，這間房屋有三分之一範圍在計畫巷道上，這表示，這間房子將來隨時有被拆掉的風險，這是嚴重的瑕疵屋。我擔心將來會產生交易糾紛，便將負責的經紀人找來問：「這間房子三分之一在計畫巷道上，我們有沒有詳實告知買方這個狀況？」經紀人居然告訴我：「賣方說不用講沒關係，短期內不可能拆。」而這個經紀人居然也就這樣聽從賣方的指示執行下去。對於經紀人的回應，我非常驚訝，當場要求，馬上處理，不能就這樣成交。

當時房子已經簽約，只有兩種解決方式：一是解除買賣契約，一是協助買方談判減少價金，讓買方在知情的狀況下，以較便宜的代價購買瑕疵屋。

沒想到經紀人溝通過後，屋主竟透過代書警告我：「叫葉國華小心一點，不要亂搞，看新店是誰的地盤！」我一聽到這句話當場自然反應：「可惡！」屋主這樣告訴代書，顯然跟代書很熟，十之八九是經常辦理房屋買賣的投機客。我是初來乍到的菜鳥不知道其中關係，於是把經紀人叫來，請他還原現場：「到底是怎麼跟屋主談的？屋主的反應又是什麼？」

經紀人一副事不關己的模樣：「店長，我就把你跟我講的通通跟他說，我告訴他，我的店長會叫你解約或者賠錢。」我看著經紀人不在乎的臉，心裡有八成明白，但我不把話說破，耐著性子請他將屋主帶到店裡，讓三方好好談談。

隔天屋主來了，氣勢嚇人，板著一張臉拍桌子罵我壞了他的好事，要我最好不要插手，甚至撂話：「店長，你來多久？你們經紀人跟我認識多久了，你覺得他會挺你還是挺我？」

這就是典型與投機客互相幫襯，甚至被投機客操控的房仲，除了不把買方權益放在眼裡，連公司的規範、同事信用與口碑也不當一回事。當下我沒有說什麼，只回答：「喔！我了解了。」就請屋主離開，然後我請全部的人回來，當著所有人的面斥責這位經紀人：「現在敵人是在外面還是自己的身邊？怎麼會把全公司的品牌形象拿去袒護這個投機客的利益，只是為了一時的成交業績，來滿足自己的利益。」

罵完後，我請這位經紀人收拾東西，明天不用來了，如果有不滿想提告，我隨時奉陪。我無法忍受掩飾賣方資訊，欺騙買方，寄生在投機客底下的房仲。即使他業績不錯，卻會賠上整家店的信譽，傷害公司的品牌形象，大家怎麼能安心拚戰下去！

開除經紀人後，屋主知道我們對這個瑕疵案件不會讓步，因此在買方同意的狀況下，以折價補償的方式完成交易。

利誘經紀人騙走簽約款

有屋主上門，急著要賣房抵債，這種情況常常有，但我曾碰過屋主提出要求，要拿走兩百萬元的簽約款。當時還沒有履約保證，一般的做法是，簽約後的款項暫時由仲介保留，等到交屋後，再將這筆款項交給屋主，以確保買方的權益。

可是這個屋主卻以高出一般行情的仲介費誘惑，希望經紀人先給他兩百萬簽約金。我覺得很奇怪，便要求經紀人不可接受，同時進一步調查後發現，這間價值兩千萬元的房子，有筆一千五百萬元的銀行貸款，二胎又借了六百萬元，再加上地下錢莊欠款，屋主抵押房子而拿到的錢，已超過房子應該有的價值，他可能打算兩百萬簽約款到手後就溜之大吉。到時候，就算將房子處理掉，還是會有三百萬元的缺口。

於是我堅持，如果屋主委託我們賣，必須將簽約金暫時放在公司指定帳戶保管，等辦完過戶手續，一手交錢，一手交貨，互不損失。被錢逼急的屋主，整天來公司鬧，非要先拿到簽約金不可，我完全不讓步。

這就是房仲被利益操控的後果，不但不幫買方爭取最好條件，還會協助賣方隱藏事實，眼中只有利沒有義，為了錢什麼都不顧，傷害客戶、公司的利益與信譽，也沒有關係。

我常奉勸經紀人看清事實，投機客只是市場客戶之一，而且不是太好的客戶，不但腐蝕業者，還為了圖利，犧牲真正客戶的權益。我選擇不和投機客合作，因為投機客只搶便宜貨，不便宜不會來買，但便宜又好的房子，想買的客戶自然多，何必一定要賣給投機客？

說到底，靠買、賣房屋獲利的投機客，其實更需要從仲介處獲得市場資訊，所以仲介不應該被一時的蠅頭小利迷惑，受投機客操弄，因此犧牲消費者權益。

3 仲介自己買

還有一種狀況是仲介自己就是投機客，利用職務之便，容易取得資訊，不但可以快速獲得好物件，還能以仲介身分誘騙屋主降價，既賺佣金，又能炒作房價，兩處得利。

剛進仲介業的時候，我就碰過這樣的經紀人，他是大家尊敬的學長，案子到他手上總能很快賣出去，所以公司有什麼案件訊息，大家第一時間就會想到他，紛紛將訊息告訴他，他總能不負所望，快速找到買方。大家覺得他客情很好，才能擁有這麼多的信任，只要是推薦給他的案件，他總能快速找到買方成交。

但一、兩年後，漸漸覺得奇怪，怎麼買、賣物件的總是那幾個人，於是公司開始調查，居然發現，原來這些物件都是他找人頭買的，當下所有同事都覺得被他欺騙、利用了，很快他也離開公司。

類似的仲介，現在市場上偶有所聞，有些社區型的仲介公司，就是投機客開的，專門用來買賣自己的房子。對真正的消費者來說，身兼投機客的仲介，因為牽涉到自己的利益，不會認真將房子的好壞狀況介紹給你，甚至還會在買、賣過程中，提供不正確資訊，在你賣房時，誘騙你降價，當你要買房時，運用各種手段要你加價，交易過程中很容易買高賣低，甚至吃虧上當。

幾年後，有次我在捷運站遇見那位學長，我們在一上、一下的電扶梯緩緩地相對靠近，他瞧見我後，立即躲在路人後面，假裝沒看到我。當下我的感覺是：「不需要我告訴你你做了什麼事，你自己就羞於面對我了。」為了錢，出賣別人對自己的信任跟友誼，不能堂堂正正在社會上行走，這不應該是從事任何工作後的結果。

4 集中帶看

得到屋主委託，仲介就希望趕快賣出房子，創造業績。可是對買方來說，買房子是人生大事，往往需要思考再下決定，這時候仲介與消費者的對立就來了，為了快速成交，仲介會用許多方法，催促買方下決定。

最常見也最簡單的，就是一天到晚打電話給買方：「這房子現在很多人在看，你要趕快決定，我怕你買不到。」、「再不買，屋主要漲價嘍！」還有一種普遍存在的技巧，就是「集中帶看」：將所有可能的買方集中在一起看房子，製造房子搶手的假象，催促成交。

預售屋的銷售現場也常見這種方式，每當看房的客戶詢問某間房屋時，銷售員就會在現場大喊：「某棟、某樓還有嗎？」明明現場只有幾坪大小，櫃檯人員還拿著麥克風，以緊張急促的口吻回：「還有，但現在有五組客人在詢問，要決定要快！」在這種搶購的情境下，消費者很容易被影響，急著下決定，往往也缺乏仔細思考評估，事後很容易後悔，消費糾紛也因之而起。

預售屋看房都在一個銷售現場，多數客戶也多在週末前往看屋。但房仲不一樣，物件散落在不同地方，有買屋意願的消費者也不會一同上門，所以要「集中帶看」就得花心思布局。

房仲經紀人常用的方法是：「屋主要求只能集中在這個時段帶看。」所以有意購買的消費者，得在約定時段看屋。還有一種狀況是，某位買方看了三、四次，表現出很高的購買意願，卻遲遲不下決定，這時經紀人就會趁買方要再看一次的時候，刻意約其他組客人一起來看，意在製造熱銷情境，讓猶豫不決的買方加速決定。

嚴格說來，這樣的銷售技巧沒什麼不對，如果物件確實詢問者眾，仲介的確有義務讓買方得知這樣的訊息，免得買方失去買到滿意房子的時機。可是對消費者來說，自己要留意判斷，究竟是不是真的滿意這間房子，價格是否合理？絕對不要因為一時情境而沖昏了頭，買到不適合的房子。

2 仲介常用的快速成交技巧

兩面操作市場資訊得利

提供市場情報是仲介該做的事情，然而也正因為仲介擁有「資訊」，所以有了操作空間。很多仲介會給買、賣雙方不同的情報，好加速成交。例如當客戶的身分是買方時，仲介會說，現在歐洲利率都沒漲，日本、大陸、香港的股市卻大漲，代表市場上熱錢很多，最好的投資標的就是不動產，因為資產有限，不像股票可以一直印，熱錢湧進房市的結果，就是房價會一去不回頭，所以得趕快下手，以免房價一直漲。

但當房仲面對賣方，提供的訊息卻不一樣了，會換一套說法：現在政府打房力道強勁，不趕快出手，房價會快速下跌，如果有意賣房子，得趕快把物件丟到市場上去。

消費者面對仲介提供的訊息到底該怎麼辦？信還是不信？如何判斷虛虛實實的資訊？最簡單的方法就是多問二到三家仲介以確認資訊，同時換個角度詢問仲介，例如你想買，就要扮演賣方角色詢問，在當地有房子想賣，要開出什麼樣的價格才合理？這樣才可以聽到買、賣雙方的訊息，得到平衡資訊。

製造熱銷搶購情境，讓你昏頭

另一種催促成交的方式是製造熱銷、熱賣的假象，例如前面提到將有意願購買者集中起來一起看房子，感覺好像很多人要買，就會讓消費者急著下決定。還有就是不斷釋出物件稀少的訊息，讓消費者置身在「搶購」、「最後一件」的情境中，就會急著下決定。

破解的方法就是，不要當場立即下決定，可以等到離開現場，情緒冷靜下來之後，再仔細分析物件的利弊，依照自己真正的心意下判斷。

關鍵時刻略施小惠，推你一把

「我喜歡你，所以現在回饋一%的佣金給你，但是出去不要說喔！」、「剛好我今天業績很好，所以有這個空間，能夠減少一%的佣金給你，只有今天喔，你不要的話，我就給下一個客戶了。」這些都是仲介常用的話術，用來拉攏客戶，讓客戶感受到「你對我很好」，建立彼此的感情。客戶聽到這樣的話，很容易動心，因著感覺、感情下決定，也是仲介常見的交易技巧。

這些技巧無所謂對錯，但是站在消費者的立場，就得仔細判斷。我的建議是，賣方面對仲介時，最好不要簽專任約，要把物件同時交給不同家仲介賣，但為了避免困擾，最好不要超過三家，讓這三家仲介彼此競爭，屋主便可以在競爭過程中得到最大利益。

另外，最好委託給知名品牌，至少知名品牌在人員選擇、訓練上比小規格的仲介公司來得謹慎，交易安全相對比較高。

在不動產經紀管理條例立法通過後，有了定型化契約、履約保證等規範，業者也開始積極建立自我的品牌形象後，這些亂象已經減少許多，但因為從業人員素質落差大，加上資訊不對等，消費者還是難免不安。

用「利他」結束亂象

決定從事房仲工作，是我評估思考很久的決定，一踏入行，就不打算離開，所以跟只想大賺一筆就走的人不同，我把這裡當作安身立命的地方，決定要在仲介業闖出一番天地，成家立業，得到成就，並幫助業界發展得更好，贏得尊敬。

於是這些亂象，反而成了我發展的根基，我在一次次的市場、客戶開發經驗中，領悟出「利他」這樣的成交基礎，建立起房仲的專業價值。

過去，我在一個個商圈耕耘，像個辛勤墾荒的農夫般，除草、鬆土再播種，等到發芽成熟了，再換到另外一塊荒地去，重新開始。多年來，開拓了許多市場，也塑造出我個人的服務品牌。「利他」讓我不只賺到錢，還贏得尊重，原來，這才是仲介真正該做的事。

用實在換信賴，讓每個人找房仲幫忙時，不會擔心自己被騙，對房仲提供的服務能夠安心而信賴，是我一直持續努力的目標。

我離開待了二十多年的公司，在這個網路資訊取得容易的時代，我打算打破過去房仲利用資訊不對等賺取利潤的模式，以創新的概念與工具，讓房產資訊公開透明，仲介不再以掌握資訊賺錢，而是憑著服務收取費用，如此才能消弭消費者對房仲普遍的戒心。

目前籌備完成的買賣房屋自己來的APP作業系統，就是提供平台，讓屋主自己用手機上網賣屋，買、賣雙方都能在這個平台獲得最新、最正確的各項房屋資訊。消費者不僅可以快速安全的成交，還能省下仲介費。

這樣公開透明的販售方式並不容易，因為會侵蝕掉許多人賴以維生的方式。可以想見，傳統的房屋仲介業者一定會群起反對，不是想辦法杯葛，就是用盡方式侵入這個平台，就像之前591房屋交易網，最後只能做房仲不想做的租屋市場，無法分享給售屋市場屋主與買方，依舊無法跳脫房仲把持的資訊平台。

我出身房仲基層，相當清楚房仲會使用的手法，也知道難處、利基點在哪。所以這個平台同樣提供服務，屋主可以免費刊登售屋訊息，需要的時候，我們可以提供帶看服務，到交屋時，也會協助交易、第三方公證、履約保證、代書等服務。除了基本代書費用外，一律免費，在台灣各地，也不會有分店、經紀人駐守，而是需要的時候，經紀人再提供到府服務。

很多人懷疑，免費提供平台，公開買、賣雙方資訊，自行成交，那仲介賺什麼呢？

當我們提供免費而優質服務，獲得多數消費者認同，將案件委託到平台上，房屋資料庫就越來越大，需要買、賣房屋的消費者，更會集中到這個平台。消費者因為時間、能力限制，而需要仲介服務時，我們就成了不二人選。屆時再向消費者收取部分費用，以維持優質而持久服務，我想應該不會有人反對才是。

所有的「利他」，終究還是會回饋到自己身上。

第二章

利他，
是把劈開市場的寶劍

我用「利他」開拓無數市場，

經營客戶，總歸一句話：

幫助別人就是幫助自己。

3 客戶每天就在你身邊

房仲著重區域經營，會長期耕耘商圈，以累積人脈與商圈資訊。但二十多年來，我不停被調往不同商圈開拓，每次都得歸零重新開始，回想起來，非常辛苦。但也因為這樣，反而累積了快速有效突破市場的經驗與能力，許多業界認為不可能打入的市場，都被我一一攻下，不但贏得「魔術師」、「大砲」等封號，更讓我拿到開拓艱困市場的寶劍：「利他」。

新店中央新村的別墅市場，就是我用「利他」劈開的市場。

升任店長的第三年，我被派到新店去開設新的分店，開拓新商圈，一切從零開始，沒有任何資源與後盾。當時，新店市區只有兩棟大樓，其他都是四、五樓公寓，每間總價在四、五百萬元之譜，經紀人開發回來的產品都是老舊公寓，真正主流的別墅產品，我們一個都拿不到。原來所有別墅產品都在當地里長手裡，里長開了一間小仲介公司，憑著人脈熟、又是地方有力人士，讓我們這種外來仲介，毫無著力點。

一戰成名

當時里長伯唯一沒提供的就是「租屋」服務，因為代租房屋的利潤非常微薄，大部分房仲不願意耗費心力，卻讓我看到切入點。

我挨家挨戶拜訪，終於找到一戶賣一年都沒賣掉的別墅屋主，我上門分析利弊後建議他：「房子空著也是空著，不如我們先幫你租出去，租金投報率也不差，等市場好轉了，再來賣，對你比較有利。」

屋主聽了建議，覺得我是站在他的立場思考，同時我也願意先免費提供租屋服務，他便答應將房子委託給我一個月，試試看。

果不其然，因為市場上沒有這類服務，很快的，我就找到租客。我幫忙辦理各項租屋合約，只收取少許服務費用，店裡的經紀人都不解：「店長，你這樣搞，就算拿到別墅的租屋仲介市場也沒用啊！對業績收入沒什麼幫助。」

就這個案子來說，當然沒有幫助，但我看重的是未來效益。

這間別墅順利出租之後，我馬上在店門口掛上大大的紅布條，寫上「賀某某某別墅兩週內成交！」把我們開始經手別墅產品的消息放出去，沒多久，別墅屋主不是自動上門，就是願意將售屋的委託也簽給我們。就這樣，不到一個月，我成了第一個打開中央社區別墅市場的外來仲介。

聽起來很神奇，說穿了卻很簡單，那就是擬定策略時，先站在客戶的立場設想，你能提供什麼有利於他的服務？讓客戶從你的服務中獲利，生意自然就上門。

有目標，自然容易下手，但剛入行，或者市場實在太差，就像現在，整個房市交易急凍的狀況下，該怎麼辦？客戶在哪裡？與其坐等客戶上門，或大海撈針，不如珍惜身邊每個機會，其實，客戶就在你身邊。

先把店門口的地掃乾淨

我剛到天母店時，對經紀人的第一個要求是「認真掃地」，一開始菜鳥經紀人很不服氣，覺得我欺負他，倚老賣老，硬是要他去做掃地的工作，還規定每天開店前就要掃，要彎下腰，仔細盯著地板的髒污，雙手拿掃把，恭敬、認真掃。

經紀人跟我抱怨：「店長，我是來賣房子，不是來掃地的。」他總覺得與其在店門前掃地，不如出去溜達還比較可能碰上客戶，才有業績。我告訴他：「如果店門前的地都是髒的，誰會放心把房子交給我們？」

好說歹說，雖然心裡不甘願，他還是每天一早就認真在門口掃地，一個月後，有天早上，有位阿嬤進門說她有間房子要託售，指定要給「每天在門口掃地的那位」服務。阿嬤說：「我每天早上經過，都看到這個年輕人很認真在掃地，這麼勤奮努力，我放心把房子交給他。」

這看起來像是偶然的幸運，其實不然，天母是個封閉的社區，會買、賣房子的，幾乎都是當地人，而這些客戶就住在你身邊，每天上班、買菜、開車都會經過我們店門前，總會看一下，留意一下。雖然你沒有發現，也不認識這些人，但固定站在店門口掃地，就是自我對外界的一種宣示，只要認真做，自然會有人留意，進而對你產生印象，我常常說：「不要小看你做的事，也不要看小你能做的事情。」就是這個道理。

便當店老闆的耳朵、眼睛隨時開著

同樣發生在天母店的實例，一個菜鳥經紀人天天被派出去幫大家買便當，我提醒他，在這個社區活動，隨時都要留意自己的表現。所以別家仲介經紀人上門買便當、吃飯時，不是跟同事、朋友抱怨客戶，就是抱怨店長，所有的壞話，輕佻的態度，便當店老闆都聽在耳裡，看在眼裡。

但我店裡的同事態度卻不一樣，他總是感謝便當店老闆的服務，也不埋怨自己的工作，總是表現出熱心、誠懇的模樣，幾個月後，便當店老闆有親戚想賣房子，便當店老闆親自帶著親戚上門，指定要這位「買便當的小伙子」服務。

這個客戶也不是天上掉下來的，便當店是家老店，老闆就住在附近，就是後面社區的巷子裡，他每天賣多少便當？仔細一算，營收不得了，店又開了這麼久，背後的房產，搞不好非常驚人。仔細想想，在這區做生意的老闆，不用說，一定是買、賣房子的潛在客戶，而且搞不好世居在這裡，隔壁鄰居，方圓百里都是他的親戚朋友。

店老闆每天在這裡賣便當，自然會留意觀察每個客人，時時表現出誠懇、認真，對他人體貼的經紀人，成為他指定經紀人，也是理所當然的事情。

每天來借報紙的阿伯，其實是……

我還聽過每天到房仲店看報紙的阿伯故事。有個阿伯每天都到房仲店裡借報紙看，經紀人想一早店裡也沒什麼人，阿伯要看報紙就看吧，於是大方讓他看報，有時經紀人還會端杯茶請阿伯喝。一個月後，阿伯突然對經紀人說：「我有間房子，委託你賣好不好？」

這個經紀人開心覺得自己無心插柳的善意，得到一個客戶，但我要說：「天下沒有無心插柳這種事。」經紀人沒有察覺到阿伯是潛在客戶，只能說他經驗尚淺，仔細想想就知道，一個人沒事怎麼會每天來房仲店看報紙？要看報紙，便利商店、早餐店、圖書館都可以看，為什麼偏偏挑你的房仲店看報？

在我看來，阿伯就是來觀察，每天來這店裡看報，其實是想知道這家仲介的服務如何，是否正派、專業，他一天來蓋一個章，集滿三十個章後，確定安心了，才把服務的權柄委託出去。

仲介也好、業務也罷，隨時隨地都要留意自己的言行，因為我們每天都被客戶在心裡蓋章，時時刻刻都在拿集點章，等點數集滿了，客戶就會現身找你。

有了潛在客戶後，可不能只是坐著等客戶上門，好的業務員，就是要主動，運用機會，讓潛在客戶變成直接客戶，業績才會源源不絕。

賣樓下的房子，別忘照顧樓上

有次我要賣一間大安區的房子，就是全台北市第一棟有電梯的大樓。屋主移民美國去了，房子空了很久，委託我們賣的時候屋況很差，到處是壁癌，還漏水、格局混亂，總之就是十個客戶上去看，十一個下來都搖頭的房子，多出來的那個，就是仲介自己。

連仲介都無法接受的房子，要怎麼賣？

我想來想去，不如把這個燙手山芋當成機會，如果可以把整棟公認最糟糕的房子賣出去，附近住戶一定會覺得我們很厲害，接下來，要賣其他房子，就不是問題啦！既然要把名聲拓展出去，就得耕耘潛在客戶關係。

於是我跟同事買了水果，開始一戶戶拜訪大樓住戶，一方面讓住戶認識我們，另外一方面，看看有沒有住戶願意在我們帶客戶看屋時，開門讓客戶看看整理好之後的房屋格局。

委託我們賣的是某一樓屋主。更高樓層的屋主看我們誠懇，也希望解決樓下空屋漏水，社區不安寧的問題，答應讓我們帶客戶看格局。

就這樣，每次有客戶來看房，我們就帶去高樓層屋主家參觀，不只如此，還會在屋主面前，攤開格局圖，建議客戶漏水該怎麼處理，格局可以怎麼更改等，展現我們的用心與專業給屋主看。

我建議客戶，買之前就要處理漏水問題，我們會幫忙取得樓下住戶同意，告訴相關住戶修理時會暫時影響他們，不過保證解決漏水問題。這個關卡過了，再買這間房子。而且，修理工程最好是客戶自己做，工程款從售屋價格裡扣掉就好，不要讓屋主處理，以免屋主在美國，找的師傅隨便做，客戶也不能監工，萬一屋主錢也花了，還做不到客戶想要的，就不好處理了。

高樓層屋主一直旁聽，覺得我們的建議跟處理都很專業，內心暗暗幫我們蓋了好幾個章。

就這樣，這間房子有了高樓層屋主的幫忙，終於順利賣出，不久後，高樓層屋主果真開口：「我在別的地方有間房子要賣，想請你們幫忙。」

這個方法就是，把握好機會，培養潛在客戶，做一件事情，如果能一起將周邊的人考慮進來，就能有機會展現自己的優點，創造下一個客戶，達到兩面效果，事半功倍。

買不起也帶看，刺激購買慾

許多業務人員常犯的錯誤就是自恃了解客戶，能一眼看出這個會不會買，那個會不會下手，常常坐在店裡將上門的客戶分類，看似老成專業，其實，分類的同時也把路弄窄了。經營都是長期的，客戶今天不買，不代表明天也不會買；今年買不起，不代表明年也買不起；這兩年不想買，也不代表過兩年不想買。

人是變動的，經營客戶也要靈活變通，對於不可能買、買不起的客戶，我的做法是一樣帶看，因為看了超出客戶能力範圍的物件，反而能刺激對方的購買慾，而且讓客戶感受到你服務的熱心，不會評斷客戶財力，有大小眼的分別。

通常在成交一個案子前，除了目標買方外，我會同時培養兩到三位成熟的買方出來。

我將客戶分成ＡＢＣＤ四個等級，Ａ級客戶就是立即可以成交的客戶，他看的房子多，對市場行情認知也夠，只要遇到適合的物件就會立即下手。ＢＣＤ則是依序下去接近成交的等級，越是後面等級的客戶，下手的可能性就越小。

我的做法是，在房子已經確定會由Ａ客戶買下，就要成交前，同時約ＡＢＣＤ級客戶一起來看，不是集中帶看，催促客戶下決定，而是讓其他不是我本來鎖定的客戶，也有看看這棟房子的機會。理由是雖然我鎖定的目標是Ａ級客戶，但我想讓其他等級的客戶演練一下，知道成交前的情境是如何，一方面讓客戶感受成交的急迫性，另一方面我也可以觀察，不同客戶面對關鍵時刻，有什麼樣的反應，等到這些客戶提升到Ａ級時，我就知道該怎麼面對跟配合不同人的不同節奏，把別人認為不可控制的因素，包括客戶的個性、臨時變卦的可能性等，都變成可以控制的。

有間位於大直的河岸住宅就是如此，我知道Ａ客戶要出手了，如果就這樣賣掉，意味著其他客戶沒機會再看到這麼好的房子。於是我決定請其他客戶都來看看這間房子，我可以根據他們的反應，重新將客戶分級。

例如，有客戶進來就說：「哇！這麼美，果然是豪宅。」面對河景讚嘆不已，非常關心戶外景觀，就表示這個客戶從來沒看過河岸第一排的房子，要他買這種房子，可能還得等很久，等級就往後推一點。

如果有客戶的反應是很鎮靜，對景觀不怎麼在乎，反而是東看西看，關心內部格局，你就知道，這個客戶不覺得河岸景觀很稀奇，代表客戶不是住過，就是看過類似房子，他可能就是這類房子的潛在客戶，下次有類似案子可以推薦給他，讓他下決定的速度再快些。

還有個客戶現場沒有什麼反應，反而很注意我跟A級客戶的對話。他離開後再打電話來問：「你們那個房子，現在賣得怎麼樣了？」由此可知，這個客戶很積極，是等級非常高的客戶，是下一個成交對象。

自以為懂客戶，將客戶分類，認為客戶買不起就不帶看、不介紹，這是最不應該的，也是最笨的。不管客戶是不是買得起，只要上門，就是潛在客戶，介紹跟帶看是非常好的觀察客戶、了解客戶的過程，要想成交，就得學會這些觀察。

4 不被景氣起伏影響的利他經營技巧

任何產業都會起起落落，房地產也不例外，在走了將近十年的多頭後，近一、兩年交易量大幅萎縮，外界不再看好房地產未來的榮景，面對嚴峻的環境，要去哪裡找客戶？要怎麼創造業績？這是許多從業人員的困擾。

我在房產業待了二十多年，曾經因不景氣，連續三個月每天忙到半夜十一、二點，但拿回的成交數字卻是「零」。當時還是女朋友的老婆，一度懷疑我在外面胡搞，不然怎麼每天一早出門，半夜回家，卻沒有任何收穫？她指著我的鼻子質疑我的時候，我也很想問，為什麼努力越多，卻收入越少？但我沒有被打敗，反而趁此時累積專業知識跟人脈。

不景氣，更要經營利他

如何累積實力？「利他」是最好的方法。景氣不佳，時間多，就要多觀察別人的需求。幫助別人，等於幫助自己，

這個道理是我在國中時就領悟到的。當時媽媽為了養活一家人，什麼事都肯做。住家附近正在蓋房子，工人來來去去，需要吃飯，媽媽便擺了麵攤。這些工人白天耗費勞力打拚，看起來沉默寡言，到了夜晚，放鬆下來，就會想要喝兩杯，我們家的小麵攤就是最好去處，幾個工人約一約到這裡來，一邊喝酒一邊抱怨，抒發壓力。

我對人的興趣跟觀察就是從那時開始的吧！看到喝了酒的工人，露出跟白天完全不一樣的面貌，我覺得非常訝異，原來認真沈默的男人心裡，有這麼多不願顯露和表達的苦惱；原來人有許多面向，外表顯現的不見得是真正的他。

工人常常邊喝邊聊，一不小心就喝多了，我記得有天，一個工人喝醉後，搖搖晃晃騎車走了，隔天，有人來告訴我們：「那個工人昨天晚上，騎車掉到橋下，淹死了！」我聽了非常難過，心裡想，一定要防止類似的事再發生。

之後，我在店裡只要看到有人喝醉了，都會幫忙把他扛回家，或者騎他的摩托車、腳踏車，將人綁在我身上，一起載回去。有些人住得還真是遠，兩、三公里，我一樣幫忙送到家，現在想想，還好我長得高大，不然怎麼有辦法扛起這些醉漢。

往往，這些工人的太太都會送東西來謝謝我跟媽媽，我感受到被需要、被感激，很開心，而讓人料想不到的回饋，還在後頭。

我因常常送這些醉漢回家，村里人因此跟我們家都很熟，幾年後，我媽想要蓋房子，手上只有兩萬元現金，當時又沒有銀行貸款，為了籌錢，媽媽開始起會標會。這一起會不得了，村里每個人都說要參加，整個村沒幾戶人家，我媽的互助會就來了五、六十個人，擠在小小店面的盛況，我永遠記得。

民國六十八年，我媽標到了一百二十多萬元的現金蓋房子，現在想想，真是不簡單，那時，平均國民所得一年只有六萬多元，我媽卻可以在短時間內籌到這麼大筆錢，靠的都是過去幫人家做事，獲得別人打心底肯定的累積。

這樣的回饋，給我很大的震撼，原來幫助別人的用心，只要時機一到，這些付出就會回到自己身上，到頭來，利他還是利了己，經營客戶也是如此。

景氣不佳，房子成交速度緩慢，賣方會特別關心市場變化。仲介最常碰上的就是被罵沒進度，只會推託市場不好，希望屋主降價，這些都是屋主不愛聽的話，房子賣不出去，屋主也只有把悶氣發在經紀人身上。碰到這情況，該怎麼維持跟屋主的關係，又怎樣順利成交呢？

1 先讓屋主發洩情緒

常見的屋主質疑：「怎麼案子簽了後都沒消息？為什麼這麼久都賣不出去？」在沒有進度的時候，業務人員常常犯了「沒進度不回報」的錯誤。

「事情沒進展，你要我回報什麼？」看似言之成理，但一週沒有回報還好，兩週沒進度再不回報，到了第三週，你會更不敢打電話。屋主的抱怨變成：「簽案子的時候，一天打三通電話來，簽回去之後，三週都沒有一通電話。」

其實，只要換穿一下屋主的鞋子，站在他的角度想：「越是無人聞問，就越焦慮擔心。」體會屋主的心情後，對應策略就會不同。

即使沒有可以報告的素材，也要主動跟屋主聯絡，用意不在提供屋主什麼資訊，而是紓解他的焦慮，簡單說就是讓屋主發洩情緒，「讓他罵一罵」就是了，不過可不是叫你單純挨罵而已，而是要藉機觀察屋主在意的是什麼，既能蒐集資訊，又能和屋主保持互動、建立關係，挨罵，是非常有價值的投資。

2 找機會反問對方

被罵完了，就要進行下一步，否則除了聽對方發牢騷，還會讓屋主更生氣。我的方法是，從罵裡面聽出問題，就擬出相對應的解決方案，趁屋主喝口水、喘口氣的時候，找到彼此溝通的機會，例如，反問對方：「那你覺得應該怎麼做？」或者提供市場面的資訊給屋主，將自己對市場的觀察、分析告訴屋主，建立彼此資訊交流的機會，此時，就可以展開溝通。

3 展現專業

從屋主的責罵中，找出屋主在意、不滿之處，由此提出相應對策。例如，屋主不滿沒看到買方就要求降價，那麼就先找到買方，再將買方的實際要求回報給屋主。不要只依照「市場狀況」的空洞分析，提供給屋主。

如果是因格局不好、屋況太差，而找不到買方，就從「改善格局、屋況」著手，除了動手協助整理外，也可以提出擴大看屋範圍，請鄰居開門，讓買方看看整理好之後的格局，以切實的銷售策略，協助屋主提高房屋價值。

業務人員最常犯的錯誤就是完全不聆聽客戶怎麼說，只一個勁兒講，想要對方知道自己的服務、產品有多好，但這樣一來沒讓客戶抒發情緒，他根本聽不下你說什麼。另外，更沒有聽出客戶的不滿，當然給不出客戶要的東西與資訊。所以跟客戶互動有三步驟，尤其景氣不好時，一定得按照順序慢慢來，才能在低迷時有所突破。

三步驟打進大直豪宅市場

民國九十五年，我調到大直擔任店長，大直豪宅剛起來，面對河岸第一排的房子，每間屋齡都不超過五年，當時所有豪宅銷售都掌握在另一家仲介商手裡，經紀人清一色都是建商賣房時的代銷小姐。原來代銷中心撤掉後，代銷小姐因為握有當初買房的屋主名單，還擁有來看過房、對這區房子有興趣的客戶名單，所以乾脆留在這區經營。我的公司完全沒有切入這塊市場，只會賣一般性產品。看著一棟棟逐漸蓋起的豪宅，我心裡想：「這才是大直商圈的主戰場，我一定要帶隊賣掉每一間豪宅！」

要突破，就從最難的下手。我選定一個河岸建案，正準備完工，還沒交屋，根本無法從地政資料上查到屋主是誰。能下手的只有大樓管理員，可是管理員早被其他仲介把持住，我派了好幾個經紀人過去開發，最後都鎩羽而歸。

我決定打團隊戰。對手經紀人身經百戰，很有經驗，要比賣豪宅經驗，我們比不過，但能力強的人，很難跟別人合作，而我們這群菜鳥就容易合作了。

我請店裡的經紀人每天輪流去跟管理員磨，第一個上去，管理員說沒有，第二個上去，管理員還是說沒有，但久了，聊起來，管理員漸漸透露出一些訊息，我將不同的情報整合起來，就得到完整訊息。

某一戶屋主是家企業負責人，面對頂級客戶大老闆，就不能派出不同人去，所以就指派一個人上門「挨罵」，一次、二次、三次，從直接被拒絕，到後來同情、認同，最後對方被我們鍥而不捨打動，「你這麼認真，給你一個機會。」

這只是敲開大門，真正的道路還在後頭。從挨罵的過程中，蒐集到一些訊息，那就是屋主跟對手經紀人的交情很好，請我們進門也只是談談。「給你一個機會談談，以後沒有了，不然我會對不起人家，我的房子已經唯一委託給對方了。」

叩了幾十次，終於敲開的門，我們當然不會沒準備就進去，同時間，我們也在尋找可能的買方，趁此機會，立即告訴屋主，我們手上有買方，把背景、需求描述給屋主知道。這之後，又經歷八次談話，屋主終於答應讓我們帶客戶去看屋。「可是只有一次機會，而且你們得跟對手合作，因為我已經委託給他了。」屋主叮嚀。

手上有買方就敢大聲

我將過去在另一個商圈培養出的豪宅客戶，全部約來看房子，共有八組客人，屋主聽到我們手上居然有這麼多客人，開始對我們另眼相看，非常開心。那個拿鑰匙、帶我們上去看房的對手仲介非常不高興，不停干擾我們，一下子說：「這裡不要開，那個不要弄。」一下又說：「只有五分鐘，快點看一看走了！」

雖然一直被打擾，但還是讓我們在屋主心裡留下專業形象。

帶看完，有一位買方非常喜歡，馬上就付了斡旋金。我們拿了斡旋金，卻找不到屋主，因為屋主不接我們電話，當然就無法談價錢。

我猜測可能是屋主跟對手經紀人的關係太好，不想得罪他，又不知道該如何處理我們，乾脆避不見面。怎麼會明明有客戶想買，卻不想成交的屋主呢？

於是我親自出動，找個假日的清晨，一大早六點鐘，就到屋主家門口的公園，坐在那裡等。我想，放假在家，總要出門吃飯吧！沒多久，屋主就跟家人一起走出來，散步去吃早餐。

「是要現在出去相見，還是等他們回來？」最後我決定繼續等。站在對方的角度設想，不管是出門運動還是吃早餐，都是有件事情要做，如果我這時候上前，無疑是打擾並且阻礙他們的計畫。我不如等對方辦完想做的事情，心情放鬆了，再上前拜訪，被拒絕的機會就小很多。

又等了兩小時，屋主回來了，我遞上名片自我介紹：「我想跟你們報告目前房子賣的狀況，請你們進一步指示，要怎麼做，比較好？」屋主一聽，卸下心防，請我進去喝咖啡，好好聊一聊。我告訴他們已經找到買方，而且對方出的價錢不錯，如果真的想賣房，這是很好的機會。

聽了我的分析，屋主終於願意交給我賣房子，但是相對也提出嚴格的條件，例如，價錢比當時的均價高、希望買的人社經地位好等等。對我來說，這些條件都是可以努力達到的，最難的是從封閉的市場裡拿到委託，而這一關，我跨過了。

突破了一間房後，名聲傳了出去，接下來，那一年，大直第一排的豪宅，我們一連賣了七戶，對手經紀人跟屋主再好的交情，都被我們攻克。當時大直區的其他仲介，都感到非常訝異，我的「大直魔術師」名號，就是這樣傳開來的。可是我要說，「沒有魔術，只有基礎」（no magic, just basic.），一切看似化不可能為可能，在絕處找到商機的成果，都是一步步，從不被看到的努力累積而來的。還在埋怨景氣不好、環境不好，市況差嗎？我的建議是，這是最好的時機，讓你練功、讓你有時間好好累積自己的實力、蒐集資訊，只要從最難處突破了，接下來，就是那句話：「成功就會帶來成功。」

第三章

利他第一步：

學會挨罵，獲得客戶認同

客戶都願意花時間罵你了，

你若能從客戶罵聲中，找到他的不滿和問題點，

就能進一步幫助他，獲得認同。

5 為了生存，曾不擇手段

「利他」的工作哲學，是我慢慢摸索得來的，剛開始，我也曾經只想著業績，不擇手段過。

剛進仲介業時，我也曾想只要能把房子賣出去，說謊騙人只是手段，但真正執行後卻發現，一點都不能帶來成就感。

以當時的市況，屋主大多自己賣房子，光是找到願意委託的屋主，就是個考驗。完全沒有賣房經驗的我，被派到大安區，根本不知從何下手，店長要我找出商圈裡所有待售的案件，那時沒有網路，資訊比現在封閉，我心裡想：「完了，要去哪裡找？」

我攤開報紙，尋找「售屋」小廣告，一一打電話去問，但「我是永慶房屋」

的介紹還沒說完，就被掛了：「我們不要仲介。」連續試了幾天，都沒有突破，我決定去逛商圈。

在路上確實看到不少貼著「售」、「自售」字樣的房子，我一看立即上前按門鈴。叮咚聲響起，屋主的反應跟電話裡一樣，一聽到是仲介，立刻回答：「不用。」我根本沒進門的機會。幾天下來，我在商圈裡繞斷了腿，一直被拒絕。

回到店裡，我回報自己遭遇的困難，店長教我：「既然這樣，就用點小技巧，說你不是仲介，是要看房子的，不就好了！」

當時我一心想突破困境，就順著店長建議做了。夜裡我想好一套說詞，隔天一早，帶著說謊的恐懼感，按了一個屋主的門鈴：「我是剛到台北工作的年輕人，媽媽心疼我租房子，想幫我買間房子落腳。」屋主聽了當然歡迎，立即將門打開，讓我進去。

終於敲開大門，我腦袋不停地轉，該如何圓這個謊？看完房子後，我從找工作開始鋪陳：「我想去找房仲的工作，不知道阿伯你覺得怎麼樣？」屋主覺得我是個上進的年輕人，熱心給我建議：「房仲不好做喔，來了幾十個都被我趕出去。」我告訴屋主，我不怕辛苦，只是想趕快找份穩當的工作，便再繼續問他，那你接觸過這麼多仲介，哪一家比較好？談到後來都在說找工作的事情，完全沒聊到房子。

菜鳥，辦公室沒有你的位子

過了幾天，我再去拜訪阿伯：「我現在已經到永慶房屋上班了，謝謝阿伯給的建議，而且非常湊巧，就被派到這個區來服務，所以來跟阿伯打個招呼。」我還告訴屋主：「我想靠自己的力量，慢慢存錢再買。」屋主覺得我是個不錯的年輕人，又剛好要賣房子，便答應給我一個機會，將房子交給我賣，努力了五、六個月後，終於順利賣掉了，這是我踏進房仲業賣掉的第一間房子。

雖然後來的結果還算好，既沒被戳破謊言，也順利拿到業績，可是我一點也不開心。靠著謊言賣掉房子，讓我沒有成就感，而為了圓一個謊，得不停想出更多謊言來，讓我很沮喪。

在大安店賣出第一間房子後，很快地我度過試用期，升任正式職員。表面上看起來仲介之路的第一步踏得很順利，但其實，在公司裡，我根本沒有位子坐，只在祕書旁邊隨便拿一張折疊椅給我，等著店裡有人撐不下去離職後，再將他的座位讓給我。當時我窩在角落裡看著人來人去，心裡暗暗下了決定「我絕對要是這家店最後陣亡的那一個」。

沒多久，因為我是沒有自己地盤的菜鳥，公司派我到新店去負責一棟大樓的銷售。當時永慶在新店還沒有據點，公司也沒有找人帶，我一個人，被丟到連分店都沒有的新店去，我的工作就是每天到大樓工地去開發客戶，看看有沒有人要買、賣房子。

一棟正在施工的大樓，有什麼商機？該如何下手？當時我一點概念也沒有，但是我知道，每天來這裡，就不能白白度過，在什麼都不知道的時候，就是練功的時刻。

證明我有用：每天做市調

當時大樓已進入收尾期，多數時候只有工人在，偶爾有一、兩位已經訂屋的屋主，或有興趣的過路客進來看看，我常常等了好幾天，才會碰到可能的買方、賣方，但我一靠上去，多數人都是對我搖搖手，好一點的，對我笑笑就走了，我在這裡幾乎成了多餘的存在。

我不能這樣下去，我得找出自己的存在價值。於是，我到每一戶屋子裡去觀看，將優缺點記下來；只要有人來看房，不管是屋主還是賣方，我都努力攀談，把所有訊息記錄下來。在筆記本裡，我清楚寫上：誰，幾月幾日甚至幾點、幾分來看房，說了些什麼，對房子有什麼意見，一一記錄下來。

三個月後，我的筆記上密密麻麻都是新大樓的資訊，每一筆都是我調查出來的，所以只要有人問，我就能馬上回答出：哪一棟，幾號，多少坪，屋主是誰，誰來看過，從窗戶看出去是什麼景觀。

有了這些資訊，當再有人上門看屋，我就不是多餘的存在了，對這些客戶來說，我是非常有價值的，只要他們想知道這棟大樓的種種，就會找我聊聊，雖然不能馬上就獲得交易委託，但我在他們心中已經埋下了「對這個地方很熟悉」、「這人非常專業」的印象。

我一棟房子也沒有成交，心裡有些慌了。某一個星期六的晚上六點多，有個客戶打電話來問：「有沒有高樓層的房子要賣？」我馬上告訴他：「有間二十二樓的房子。」於是他跟我約了隔天早上八點來看房子。隔天星期日，工人不上工，我擔心他們當天施工完就鎖門，無法讓客戶看到房子，於是趁工人還沒下班，我買了一條菸，從一樓爬上二十二樓先去拜託工頭。

「二十二樓這間能不能不要鎖？我的客戶明天想來看房子。」工頭爽快答應了。

搏命做事前沙盤推演

我擔心要一口氣爬到二十二樓很辛苦，於是我上下走了幾趟，先感受客戶爬樓梯看房的心情。我發現每爬四層樓就會喘，這時最好休息一下，但總不能讓客戶站著瞎耗，於是我仔細觀察每個四層樓的空檔，裡面、外面可以看到什麼，搭配景觀、設計跟房子有關的優點，一共準備了二十五點，回家後，我把這些優點背起來，搭配上寫好的介紹詞，反覆演練。

隔天一早，我六、七點就到現場，打算趁客戶來之前，做最後一次演練，沒想到，等我順利爬上二十二樓時，卻發現客戶要看的那間房上鎖了，臨時又找不到工人來幫我開門，霎時間，我腦袋一片空白，有種老天要滅了我的感覺。

三個月來，為了等待客戶上門，我天天待在工地，一刻都不敢離開，甚至怕上廁所時，有客戶來，乾脆控制喝水量，減少上廁所的時間，吃的東西也先準備好，帶到工地吃。我每天這樣拚命等候，做足功課，好不容易有客戶上門，大門卻鎖著？

我很不甘心，順手試試隔壁的大門，一推，開了！我猜，大概是工頭留錯門了。這是棟雙併式大樓，隔鄰兩戶的陽台中間大約三公尺距離，有幾個突出的鋼條可以攀爬。我探頭一看，發現隔壁戶陽台的門是打開的，心一橫，便跳出陽台，慢慢地從這頭爬到那頭去。

二十二樓的高度，很是可怕，我攀附在鋼條上，暗暗發誓：「如果老天爺讓我順利爬過去，那我一輩子不離開仲介業，如果老天爺讓我摔下去，我也認了，這輩子到此為止。」真是連命都豁出去的想法。

還好老天爺還是疼我的，我順利爬過去，打開門，接下來就照著計畫走，帶著客戶每四層樓停下來看一下風景，介紹房子的優點，走到二十二樓的時候，客戶驚呼：「哇！怎麼一下就到了，都沒感覺！」這就是先演練預想狀況和解決之道的效果。

客戶一看，景觀、格局都很喜歡，問我：「能不能約屋主來談？」我翻開筆記本，馬上打電話給屋主，剛好屋主也有空，就到現場，雙方在一千三百五十萬元跟一千兩百五十萬元的價格間僵持不下，眼看談判就要破裂，雙方失去耐性準備打包回家。我費盡千辛萬苦，好不容易把雙方約來現場，一旦讓他們離開，不知道要再付出什麼代價，才能讓雙方願意成交。我腦中警鈴大響，於是出聲請雙方暫停一下。

「今天大家能在這裡看房，是有很深的緣分的，本來房子鎖上不能看，結果老天爺幫了我們一把，讓我順利從隔壁爬過來開門，兩位也才能看到房子，這真是得來不易的緣分啊！」買方、賣方聽我這樣說，探出陽台一看，兩人都愣住了：「你這樣爬，怎麼可能？」雙方被我的拚勁感動，我沒有運用任何業務技巧，他們就決定各自退讓五十萬元，當場成交了。

先努力，天公才會疼你

好不容易賣出第一間房子，卻沒有從此一帆風順，我依舊每天蹲在工地，想著怎麼突破業績。有一天颱風來，不用上班，忽然掉下休假，我不知要做什麼，就騎著摩托車又到工地去。

我在工地走來走去，沒留意到腳下有個板模掉了，一腳踩進半人高的水溝裡，水非常高，還好底下有一大包垃圾擋住我，但也半個人陷在垃圾袋裡。我沒有馬上站起來，反而泡在水裡想：「別人放假，我來賣房，還讓我差點折斷腳，老天爺是什麼意思？」

過了一會兒，我慢慢爬起來，當把腳拔出來的時候，垃圾也跟著飄出來，我發現裡面有張名片，在水面上飄呀飄的，我撿起來一看，上面這位A經理不就是我正在找的屋主嗎？居然從天而降，讓我撿到他的名片。

隔天一早，我打電話給A經理，他很不悅反問：「我沒有要賣房子。倒是，你怎麼知道我電話？」我請求他給我三分鐘，跟他報告完情況，我一定立刻離開，他同意了。登門拜訪後，我把那張被水泡爛的名片遞給他，告訴他這個颱風天的故事。

「有個客戶就是指定要你這間房子，老天卻讓我撿到你的名片，這不是老天安排的嗎？如果你不賣就算了，如果要賣，請給我一個機會。」

A經理看了看我，開出一坪十八萬八千元的出售條件，當時當地行情是一坪十八萬元。我努力跟買方交涉，最後買方同意，一個星期內，我就順利成交了。

之後，我快速成交、服務專業的名聲在這棟大樓傳出，客戶紛紛找上門，我一連賣了八間房子，每個月業績頒獎時，都是站上台的第一名。大家看著我這個剛到公司不久的菜鳥，又被派到沒有開發過的偏遠地區，卻能創造出高額業績，都感到不可思議。

其實這一切都是下苦工得來的，人家都說「天公疼憨人」，但我發覺，天公疼的是努力的人。你的付出，也許一時之間看不到回收，但時間到了，累積的能量都會爆發出來，回饋到自己身上。

6 整理「罵點」，解決客戶疑問

踏入仲介業時，我已經二十六歲，卻是我的第一份工作。這之前我在部隊裡待了好幾年，雖然在軍中做到副連長，領導近兩百人，但初入房仲行業，我只是個白痴，就連面對整個社會，我都是白痴，什麼都不懂。在這種情況下，要怎麼快速成長？我的方法就是不斷找罵挨，因為在「罵」裡，可以找到自己哪裡不足的原因。

我到處拜訪客戶，接受客戶拒絕我，罵我，並且將這些「罵」整理出來。我發現，原來十個屋主講來講去就是那八、九個罵點，大家罵的內容都差不多。我把常見的「罵」歸納出來，再列出解決對策，當下次客戶又開罵時，我就能給予解答，快速處理客戶的疑問。

不僅如此，同一個客戶不會只罵一次，我就分門別類，記錄每個客戶的「罵點」，甚至連客戶當時的音調都註記，幾次下來，就發現，每當客戶提高音調的時候，都是講到某個特定問題時，更發現客戶會翻來覆去，不停重複講那幾個問題。

我將筆記翻開來檢討、思考，客戶為什麼一直重複講這些？講這句話的時候，提高音調，背後真正的想法是什麼？我不是心理學家，也沒念過心理學，但認真的聽、做筆記，被罵的時候不急著辯駁解釋，而是推想為什麼他要這樣罵？他罵的時候聲調、表情又是如何？幾次下來，漸漸就掌握到責罵的重點了，原來，不滿、問題，都在挨罵裡，找到關鍵，才有解決的可能。

房仲跟其他業務工作最大的不同在於，房仲的客戶樣貌更多元。不論買方或賣方，手中有多少房子、多少資產，都是一筆很大的金錢交易，因此會更注重細節，有許多你想都想不到的要求。可以說，在房仲業最容易看到很難服務的客戶。

我在其中打滾二十多年，從頂級豪宅客戶到一般小資階級，都是我服務的對象，我可以很自豪的說，再怎麼挑剔的客人，我都見識過。問題很多的客人，多數業務員避之唯恐不及，但我採取的方式是正面相對，直接面對、處理、放下，最重要的是「整理它」，把每個難搞的狀況、問題，蒐集起來，歸納分類後，就成了我的客訴祕笈，漸漸地，就沒有處理不了的客戶，解決不了的問題。

史上最難服務的客戶

「遇到挑剔的人才會進步」是我面對客戶的基本心態，因為這些要求「異常」的客戶，能讓我看到自己的服務缺失，而有成長的機會，所以我「不能拒絕別人給的機會」。有此態度後，再怎麼刁難，都打不倒我，也不影響情緒，因為這些都是我累積實力的踏腳石。

我遇過最難服務的客人是做保險的親戚介紹來的。這位親戚有天突然打電話給我：「葉國華，我有個高雄的客戶丙媽媽，女兒考上台北的師大，想在台北幫女兒買一間房子住，你能不能幫忙？」當時我是天母店店長，雖不負責台北市大安區的銷售，但能幫親戚，又能幫同事，當然滿口答應，馬上就將丙媽媽轉介給大安區的經紀人服務。

介紹、看屋，到買屋一切進行順利，到了要交屋的時候，麻煩卻開始了，丙媽媽簽完約、辦完手續，只剩下到銀行辦貸款手續，交付尾款時，突然反悔：「我覺得我買貴了！」不但不願意走完剩下的程序，還在店裡大哭大鬧：「你們欺負我是高雄來的，不懂台北行情。賣方收的服務費多，就站在賣方那裡，跟他一起聯合起來，騙我這個單親媽媽！」

這個帽子扣下來不得了，大安區的店長跟經紀人都很緊張，不希望被客戶誤解，於是把當地的成交案件一個個調出來給她看，讓她了解這個物件的成交價錢跟當地的行情價格差不多，根本沒有「買貴了」。可是不管怎麼樣解釋、列出證據，她都不買單，硬說我們欺負她。

最後沒辦法了，大安區的店長只好把丙媽媽找來，告知她：「如果真的覺得買貴了，要解約也可以，不過解約的責任在買方，妳就要負起解約賠償的責任，這是民法的規定。」

這樣一說，更不得了，這位極度擔心自己虧了錢的丙媽媽，簡直被踩到了痛腳，當場跳起來，大呼小叫說店長威脅、恐嚇她，還打電話給我，嚷著：「我不想再跟那位店長講話了。」

大安區店長也被搞毛了，告訴我：「簡直是抓狂了，這樣做也不對，那樣做也不對！」雙方火氣都上來，僵持不下。

搬出法律名詞惹毛客戶

丙媽媽是不好處理的客戶，但大安區店長在處理時，也犯了一個錯誤，那就是跟客戶談「法律」。雖然我們處理的是房屋合約、過戶的法律問題，但是在面對客戶時，「依法辦理」卻是絕對不能出現的字眼，這會讓客戶覺得「我是來委託你們服務我的，結果你們反而拿法律來壓我！」如此一來，彼此就成了敵對關係，後面要再談其他事情就會困難重重。

類似字眼「公司規定」、「民法規定」、「存證信函」等，都是跟客戶互動的禁忌，這些話一出口，十個有九個客戶都會從冷靜變激動，好客變奧客，這是我多年經驗累積的觀察，只要是我帶過的經紀人都會聽到我不停耳提面命：「跟客戶互動時，絕對不能出現這些字眼。」

到底該怎麼處理才好？

掌握「讓客戶感覺你跟他站在同一陣線」原則，是最重要的，仲介也好、業務也好，最重要的就是得到客戶的信任，給你代理他的權利。既然這樣，就得站在客戶立場，幫他找到最有利的說法、做法，才能讓他確實感受到，你是跟他同一國的，不會出賣他，也不會威脅他，一切的想法、建議，都是為了他好，疑慮、對立自然就會消失了。

與其跟丙媽媽說：「民法規定，解約責任在買方，妳就必須負起賠償責任。」不如換個角度說：「我很擔心妳解約要負擔賠償責任，不然這樣，我們一起來想辦法，看怎麼樣處理，讓妳覺得滿意，又不會有損失。」

客戶聽了你這話，不見得馬上消氣，但至少感受到你想幫忙，就不會懷疑你是站在對立面。

可是大安區店長話已經說出口，現在雙方僵持住了，這個局該怎麼解呢？

當初是我親戚介紹丙媽媽給我的，我覺得自己對她有責任，如果沒有把丙媽媽服務好，等於得罪了親戚，以後大家見面都尷尬，於是我只好接手處理。

客戶每天定時打電話來罵人

我從天母騎機車趕到大安店，一進門，先親切叫了聲：「丙媽媽。」但馬上被罵：「我比你大多少？你叫我丙媽媽，你不知道我姓丁嗎？叫我丁小姐！」我心裡也有失控的ＯＳ：「瘋了嗎？禮貌叫個丙媽媽都要罵！」

但處理客訴不能有情緒，我只能將不爽放在心裡，臉上還是掛著微笑：「丁小姐，不好意思，我比較不會講話，再給我一個機會。」丙媽媽的情緒稍微平復下來，但她不談房子，開始各種抱怨，從外太空講到內子宮，還說我們居然敢用法律威脅她，實在太看不起她了，她跟立委的關係好到車子可以隨便開到立法院停，居然被我們欺負！

我雖然很想趕快進入主題解決問題，可是我知道不能催促她，要耐著性子，聽她把抱怨、不滿講完，因為這時候她最需要的就是宣洩情緒，我若插話，只會激怒她，讓情況更糟糕。

史上最難服務的顧客可沒這麼容易就被安撫。

那天當然沒談到重點，我的工作重點就是「挨罵」，接下來重頭戲才上場。

丙媽媽回去之後，每天早上七點半一定打電話來罵人，內容是各式各樣的不滿。當時我住在木柵，早上得先送小孩去上學，再開車到天母店上班，電話就這樣從我七點半到校門口接起，一直到我車子開到公司才掛得掉。算算路程加上塞車，大概有一個多小時的時間，每天一早就從丙媽媽的疲勞轟炸開始。

我後來想，這樣不是辦法，每天等她打來抱怨東、抱怨西，對事情一點幫助也沒有，我得想辦法把丙媽媽的不滿，引導到解決方案上。

於是我告訴丙媽媽：「妳每天打電話給我，浪費妳的電話錢，讓我很不好意思，明天起，妳不用再打來了，我每天早上會主動打給妳，跟妳報告事情的進度。」

化被動為主動，換我打電話請安

這個看似「自投羅網」的舉動，卻是我化解僵局的第一步：化被動為主動。如果我每天都等著她打電話來，我就處於被動位置，只能假設性想好她可能會說什麼，然後準備回話、接招。但不管她說了什麼，我回答得如何，我都沒有主導權，更何況，每當她打來，必定是想了一整個晚上，整個火氣都上來了，我只有挨罵的份。所以我得換個方式，我主動打給她，一方面，讓她感覺我重視她，有想幫她解決問題的誠意，她對我的不信任感就消失大半。另一方面，我在撥電話前，可以先想好今天要談的主題，慢慢引導她到解決問題的重點上。

於是我開始每天早上固定時間打電話給她，先跟她報告事情的進度，同時問她：「妳有哪裡不高興？希望我怎麼處理？」這樣的做法是，雖然策略上是我主動，但我不能說出來，讓她感覺自己被我牽著鼻子走，沒有了主導性。任何一位客戶，尤其是下買、賣房屋這麼重大決定的客戶，都不喜歡被仲介左右。我把這一點隨時牢記在心，不管在房地產上我已經累積了多少專業知識，都不能隨意賣弄，想要指點客戶，而是要提出建議後，把決定權再交給客戶，讓他感覺是自己下的決定。

我主動打了幾天的電話後，丙媽媽果真開始感受到我的誠意，覺得我確實有把她的事情當一回事，慢慢地，氣消了，開始願意說明她的疑慮，以及她希望的處理方式。原來丙媽媽其實非常滿意這個房子，女兒開學在即，她也想要在女兒上台北念書前，先幫女兒解決住的問題，所以還是希望能夠交屋。只是她連屋主的面都沒見到，擔心仲介在中間搞鬼，也怕自己高雄來的，不懂台北行情，被騙了。

這個事情有些棘手，屋主是醫生，工作忙碌，把房子交給仲介賣的原因，就是因為沒時間處理這繁瑣的雜事，如果我們再安排這樣的買方跟他見面，萬一演變成買、賣雙方互看不順眼，那就更難處理了。

於是我建議丙媽媽，不如再去看一次房子再下最後決定，如果還是要買這間房子，我願意全程陪同處理，如果有什麼問題，我會在旁邊幫忙解決。因為有了連日天天通電話建立的信任感，丙媽媽接受我提議，上台北最後看屋，完成手續。

一整天，從丙媽媽在台北車站下車的那一刻開始，我就全程搭計程車作陪，完全沒離開她的視線。

丙媽媽再度看了房子之後，決定交屋，我陪著她去銀行辦理最後貸款，甚至水、電、瓦斯等帳單都幫她一一過戶完成，一起到銀行去辦理好自動扣繳，眼看就要大功告成。丙媽媽又開始發出疑問：「為什麼交屋屋主不用來？他是醫生就比較大嗎？我們不是人嗎？你們就從頭幫他服務到尾，他什麼都不用做啊？」

我心裡的ＯＳ是：「大姊！妳要看的是房子還是人啊？」這種話當然不能說

出口，否則前面的努力，會全部毀在這句情緒用語上。

我耐著性子問她：「是不是還有什麼問題？如果有，可以現場處理的，我幫忙處理完，現在重要的是妳，不是屋主，妳想想看，還有沒有什麼擔心的？」

丙媽媽問：「這樣房子就是我的了嗎？」我說：「對！都已經過戶完成，房子確實是妳的沒有錯。」

「你說是就是？萬一之後有爭議怎麼辦？」即使她前一天已經看過登記在她名下的謄本，還是再三質疑挑剔。

我告訴丙媽媽：「不然這樣，旁邊就是地政事務所，我們一起去，將謄本調出來看，馬上就可以確認這間房子已經登記在妳名下了。」

確認了之後，事情還沒結束，丙媽媽又來了：「可是，你鑰匙雖然交給我了，萬一屋主還有備份鑰匙，之後自己開門進去怎麼辦？」這個簡單，我馬上打電話請鎖匠來將鎖全部換新就好了，但她卻在大樓大廳裡生氣：「現在是怎樣？屋主才是人喔？你們幫屋主全部辦完，幫我做了什麼？」

每個人在買賣中都很怕吃虧，站在她的立場想，如果點出她其實才是占了些便宜的要點，應該比較開心，於是我告訴她：「現在銀行的尾款還沒撥下來，房子已經過戶到妳名下，就連鑰匙都換了，屋主也進不去，其實是屋主比較吃虧，妳的保障更多。」丙媽媽這才滿意。

7 由挨罵開始的客訴處理

就這樣我陪著她一站又一站辦完各種手續，房仲該做的、不該做的，我都盡力服務到好，但她最後離開前，說的不是感謝，而是：「葉國華你很厲害，今天全部處理掉，是一心一意想擺脫我對不對？因為辦完之後，你就可以不用理我了……。」

果真是史上最難服務的客戶，不過我還是服務了，將本來的僵局，慢慢化解，到最後，還是順利讓買賣雙方成交，對我身為仲介人來說，有很大的成就感。同時在我的「客訴武林祕笈」裡，又多了一個經典範例。

從這麼多累積的經驗裡，我歸納出客訴的處理流程，不管是多難處理、憤怒的客戶，只要跟著流程走，十之八九，都可以將危機化為轉機，進而到最後順利成交。

1 不丟、不頂、不離、不棄的傾聽

面對看什麼都不滿意的客戶，第一件事就是做好「傾聽」。對我來說，「會聽話」是服務的根本，不管服務什麼樣的客戶，跟客戶的關係是剛開始接觸，還是已經到互相信賴的朋友關係，甚至不小心得罪已到水火不容的地步，「聽」對方說些什麼，都是打開客戶心防的第一步。

聽，可不是閉著嘴猛點頭，或者光是「嗯！嗯！」忍住自己的情緒，不停贊同對方就好，而是要讓對方感受到誠意，但又不失立場，不能自己沒有錯也卯起來認錯道歉。業務人員，尤其是牽涉到買賣契約相關法律問題的房仲人員，如果馬虎認錯，可是會鑄成日後很大麻煩的。

我的方法是從平常練習的太極拳法領悟而來。太極拳講究的不是「頂」而是「中正安舒、沾黏貼隨、不丟不頂」，運用在談話裡，我稱之為「走話」；簡單來說，就是人家罵到哪，你就走到哪，讓對方罵，不閃避，也不頂嘴，讓對方隨時知道你就在這裡，注意力在他身上，要怎麼樣你都可以配合，「不丟、不頂、不離、不棄」，他罵你時，你有慎重的反應，卻不會頂嘴或敷衍認錯。

像丙媽媽的例子就是，當她每天打電話來痛罵我時，我不是道歉認錯，而是告訴她：「不好意思，我知道目前的處理妳很不滿意，現在事情的進度是這樣，如果妳有更好的方法，妳告訴我，我願意配合處理。」這樣說，既沒有誰對誰錯的問題，也讓對方感受到你重視他，還有就是，一定要把「決定權交給對方」，才能知道對方的想法是什麼，繼而從他的談話中，找到往前推展的方法，這才是聽話最重要的精髓。

2 記錄、整理出責罵的重點

挨罵可不是傻傻被罵而已，客戶罵的話語裡，隱藏了許多值得拆解的問題。如果只是把自己當成客戶的受氣包，任由對方謾罵，一來會覺得這個工作實在太沒尊嚴，不是撐不久，就是慢慢失去自信，很難再去服務下一位客戶。二來，客戶也不會因此就感到滿意，反而更加看不起你，覺得你對他來說，一點用處都沒有。如此豈不是白白被罵了？

當客戶罵你時，最關鍵點，是你抱持的心態，要以「幫客戶找到問題點」的態度來面對，如此一來，不管對方罵了什麼難聽的字眼，也不容易動氣，因為那一點也不重要，那些話只是客戶情緒的宣洩，真正的重點，是要找出責罵裡的問題點。

很多人面對抱怨時，常常會忍不住回嘴解釋，這絕對是火上加油的大忌，因為客戶要的絕不是解釋，而是解決問題，至於是什麼樣的問題，就在這些「罵」裡面。這時候，最重要的工作，就是好好聽，並且歸納出「責罵的重點」。

我的方法是，對方一邊罵，我會一邊記錄下來，甚至連對方的情緒都會註記，用來觀察分析對方的情緒起伏，累積經驗值。我發現，當客戶情緒波動，似乎語無倫次的時候，其實都只是要引起注意而已。他在講真正在乎的事情時，其實理路是非常清楚的，很順的一直講，甚至不停地重複。

例如客戶講了六、七個問題，記下來之後，會發現，抱怨集中在三件事情上，不停地重複，甚至跳來跳去的講，這些才是客戶真正重視的問題。有時，他最在乎的問題，會隱藏在瑣碎的抱怨裡，如果你能幫他聽出來，找到他沒說出口、甚至沒有留意的問題，不但能讓客戶消氣，還能贏得客戶的信任。

至於怎麼找到隱藏版的問題，又是另外一個學問了，後面會好好分析。這裡要先留意的是，將客戶的罵寫下來，幫他整理出問題來，然後在對方罵到一個休息點，例如說喝口水的時候，你就要適時提出來，讓客戶知道，你不但很認真聽他罵，而且還具備幫他整理要點的能力。

「我覺得你的問題是不是有以下幾點？其實還有個嚴重的問題，你沒有提到，但我認為也應該要留意，這個給我一點時間，我會想辦法弄清楚之後，給你交代……。」能做到這點，就會讓客戶眼睛一亮，覺得你滿足了他抱怨背後的期待，甚至說不出口的期待，你都幫他想到了，自然會冷靜下來，願意跟你好好談談，並且開始信任你，願意把事情委託給你處理。

3 找出客戶真正在意的關鍵點

傾聽與整理，都只是第一步，最關鍵的還是在最後一步，就是找出問題的真正關鍵點來。一般來說，不管多麼難纏的客戶，多數人最在意的，真正困擾他的就只有一點，而這一點，多數人自己都沒留意到，只覺得對你怎麼樣都不滿意，但也說不上來是什麼。或許客戶也不願意當面直接告訴你，畢竟剛開始上門的客戶，多數都對業務懷有戒心，不會一開始就推心置腹，講出心底話來。

所以整理好「責罵的重點」之後，就是找出關鍵重點在哪裡。我會先全盤了解事情的經過，對照客戶的背景跟他抱怨的資料，反覆推敲，問題的重點到底在哪裡，大致上歸納出來後，再去跟客戶求證「你擔心的是不是這個？」其實當經驗值累積到一定的程度後，這樣推敲出來的結果，幾乎八、九不離十，當客戶發現，你竟然能找到他在乎的重點，就會對你卸下心防，並且認同你的專業，從信任，到願意把代理代言權交給你了。

看到問題的重點，就是所有工作的核心價值能力。

4 站在客戶立場思考買賣

站在客戶立場思考，才能提供正確而專業的服務，要讓客戶離不開你，就得把自己這樣的價值做出來。

有一位老闆，大半時間在國外拚搏，一年到頭在台灣的日子不到一個月，老婆說：「外界看我風光，但其實日子很辛苦，丈夫幾乎都不在身邊，什麼事情都得自己來。」夫妻倆生性儉省一直開輛破車，突然有天兩人都換了頂尖品牌名車，老闆告訴我，他想通了，這麼辛苦賺錢得對自己好一點。我知道他們富有，可是用錢保守，一直沒鼓勵他們投資房地產。有天他們主動說，想幫媽媽在住家附近找間房子，預算大約多少，要離醫院、捷運站都近，讓媽媽出門、就醫都方便。

針對他們的需求，我仔細思考，如果我是他們，用錢精準保守的個性，希望讓家人過得好一點的需求，再加上是社會上有頭有臉的人物，「要買一間房子給媽媽住」背後真正需要的是什麼樣的房子？我該如何推薦？

認真評估之後，我建議，不如將自己住的這間房子給媽媽住，更顯得孝順，老人家會更開心。至於夫妻倆，另外再買坪數大一些的房子，挑個好地段，一方面住得舒服，同時房子也比較有增值空間，最後還能留給子女。兩人仔細思考，接受我的建議。我就將手上有的一戶蛋黃區豪宅推薦給他們，果真很快就成交了，一、兩年後，房子增值，兩人非常開心，到處跟朋友說：「真是謝謝葉顧問幫我找的這間房子。」因為我既解決他們當下的需求，更創造出他們沒有思考過的新價值來。

其實，從「利他」的角度出發，就可以輕易找到服務與業務間的平衡點。

5 解決客戶最困擾的問題

民國九十三年，我剛調到士林區擔任店長，當時有間開價滿高的店面委託我們銷售，很奇怪的是，屋主天天上門來，急著要知道最新的銷售情況。

我感覺屋主急著要這筆錢，於是跟他聊了一下，這才發現，辛先生原來是公司老闆，後來投資失利，債權人竟找道上朋友上門要錢，天天追著他要債，所以他急著要賣掉個人資產還債。我知道他的難處後，每天跟他討論回報這個店面的銷售狀況，包括店面的優缺點、客戶看完的問題是什麼，銷售的障礙是哪些等等。然後跟他一起想辦法要怎麼解決問題。

經過幾次帶看，好不容易找到買方，確定簽約要成交了，辛先生終於鬆了一口氣，告訴對方，簽完約拿到錢，就可以立刻還錢，雙方協議好交錢的時間。但是沒料到，買方臨時反悔不買，解約了，辛先生沒辦法，只得硬著頭皮跟對方說：

「暫時還不了錢，請再多給我一點時間，等房子賣了，我一定馬上還錢。」

債權人聽了，當然很不高興，覺得受騙上當，以為他故意拖延時間不肯還錢，一群人衝到辛先生家，他無奈之下打電話給我，問我該怎麼辦才好？我告訴他：「這樣好了，我陪你去跟他們說明這個狀況，讓他們知道你是真的在託售店面，真心要還錢的。」

於是我到辛先生家，跟債權人周旋，我帶著合約跟解約書去，跟他們說明，這間店面確實遇到買方突然反悔，才會造成這樣的誤會，我覺得我這個房產經紀人也有責任，所以來向他們解釋，同時保證，我會在最短的時間內找到下一組客戶，全心投入幫忙把這個店面賣出去，清償這筆債務。債權人見我這麼誠心，也就同意了。

我明白事情的急迫性，於是挖空心思找出每一組可能的買方，親自帶看每一組客戶，了解每個客戶的疑慮，從他們的問題中找到這個店面的優缺點。幾次帶看後我發現，可能的買方不會在士林北投，因為士林北投的店面客戶經濟狀況都很好，買店面也較理性，希望的是一間乾乾淨淨好管理的店面。但是這間店面分割了六、七個攤位，管理複雜，雖然租金比較高，卻不符合這區客戶的需求，於是我打破過去只在同區尋找客戶的做法，往新北市去找客戶。

買賣過新北市房子就知道，那裡的店面複雜度更高，分割出租的情況很常見，所以我判斷，能夠接受這種狀況的客戶，就在新北市。我請新北市的公司同事幫我找出買店面需求的客戶，篩選出適合條件、背景的人，陪同同事一起帶看，月初解約的失落，終於在月底找到了真命天子，歡呼收割。

那三個月我幾乎沒有休假，屋主每天早、中、晚到辦公室找我，討論案件進度與突破做法。我感受到他誠意與度過人生低潮的堅毅，這對我後來面對挫折的態度，有很大的啟發，是除了仲介費外，另一個重要的收穫。

仲介處理的是人一生的大筆資產，不管是不是有錢人，都是人生大事。如果只抱持著賣掉房子就好，沒有把客戶的問題一併考量進來，幫著解決，其實，很難成交。因為無論買方還是賣方，會需要處理不動產，必然都是遇到人生大事，有的是結婚、生子、升官、中獎這些好事，有的就是還債、破產這些壞事。不管好壞，**仲介人員都必須將客戶的人生問題一起考量進來，幫著解決，才能順利成交**。

其實不只房地產，任何交易都是如此，因為買、賣的根本不在於房子或者其他商品，而在於**客戶想要透過這個過程來解決他遭遇到的問題，所以銷售就得從根本問題著手，以「急人所急，苦人所苦」的態度，用心投入、全力突破，才能順利成交**，我常常感覺，這不就是「天助自助者」嗎？

第四章

利他第二步：
堅持三不，培養客戶信任

要有專業、能力不見得很難，但客戶信任卻不易得；

專業、能力、操守，

就是仲介人員的鐵三角，缺一不可。

8

信任，是一切的開始

我的學歷只有亞東工專畢業，沒有別的特別專長，更沒有可以繼承的社經背景與人脈，面對客戶，尤其是高端客戶問我：「你哪裡畢業的？會幹什麼？」讓我更清楚的了解：我什麼都沒有，只能靠信用養活自己。除了信任感，我一無所有，所以不能讓人對我的信任打折扣，因為我禁不起。

回首過往歷程，正因為我堅守「信用」，才能在房仲界贏得客戶認同。許多客戶，只要我一通電話，建議下手，上億元的豪宅就決定成交。

有位上市公司老闆，長期在海外經商，幾年來，跟我只透過電話往來，就買了四間兩億元的豪宅；另一位客戶，我擺明了告訴他：「這間房子開價是貴了，但屋主急著要用錢，你如果願意幫忙，就買，未來還是會漲。」客戶問我：「那你想不想幫他？」我說：「能夠助人，當然好。」客戶在明知買貴一千多萬元的前提下，因為我的一句話，還是願意買單。

贏得客戶的信賴與支持，沒有訣竅，就是先摒除自己的利益，站在客戶立場為他著想，幫他解決問題而已。

對我來說，人際信任存摺比銀行存摺還重要，要賺錢，先要累積的不是存款，而是「信任」，這是再多的錢都買不來的。如果厚植了信任存摺，將來可運用的力量帶來的獲利，會遠遠超過自己的想像。更不用說，信任帶來的，除了金錢收入外，還有尊重、成就，這些比金錢更加珍貴的人生價值。

仲介這一行往來的金錢很大，誘惑也相對多，我建立信任的第一步就是不賺不義之財，然後堅持不收紅包、並且不怕被客戶「利用」，從業過程中，只要做到這三不，沒有丁點越界，就可以獲得客戶信任。

不賺不義之財：捨一千八百萬元，換得抬頭挺胸

有一位我服務十多年的客戶，他的名氣與大筆的金錢收入，經常引來搶食的禿鷹，在他的背後操盤買房、炒股。那麼多錢擺在眼前，只要一句話，就可以輕易到手時，只要是人都很難把持得住，忍住不去賺這種錢。我也差一點為了一千八百萬元的佣金，變成推人入地獄的魔鬼。

民國九十三年SARS風暴剛過，房價到低點，在我的介紹下，這位客戶看了一間忠孝東路的店面，他非常喜歡，馬上跟屋主談定價格。當晚，客戶約我十點半跟他收訂金，他十點半下班，還得處理一些問題，一直弄到半夜十一點半，才終於有空。

客戶住四層樓的透天厝，頂樓是他的私人招待所，陳設非常奇妙，除了床跟浴室外，還有個神壇。客戶告訴我，他很虔誠，不只家裡有神壇，還會到處拜拜，甚至還在鄉間的一棵樹下，出資蓋了一間石頭廟，只要有空就會去拜。

他的信仰，讓我感受到他心裡的不安，但當時，我還不知道，這個惶恐，是

從哪裡來的，直到成交的前一天，我才發現。

客戶約我到店面談，我以為他想再看一下物件，準備好資料，就過去了。到了現場我才發現，除了客戶外，還有一位他口中的「申大哥」，客戶要我好好跟申大哥介紹這間店面。聽完後，申大哥很阿莎力的說：「那沒問題了，你OK的話，我們明天就撥錢過來！」

回去問了同事後，我才知道，原來這位申大哥就是鼎鼎有名的「十八趴」，專門借錢收取一八％高額利息的地下金主。

我越想越不對，客戶要買的這個案件，價值三億七千萬元，扣除三成自備款，他總計要借貸一億兩千萬元。以一八％的利息計算，等於每個月就得付出兩百一十六萬元的利息。那時候沒人敢買房子，客戶買了，勢必得持有一段時間，再加上承租方已經準備要求調降房租，再怎麼算，客戶一買下去，可能就會被高額的利息壓垮。

我知道我一句話就可以簽成約，高利貸業者賺到每個月兩百萬元的利息，我賺到一千八百萬元的佣金，身邊每個同事都催促我趕快讓案子成交。但我掙扎了七天，來回踱步，不知道該如何是好。

最後想到小時候在佛堂聽到的故事：公車上來了一個孕婦，一般人第一個念頭是讓座，可是我們早被塵世污染的心，很快就會有第二個念頭告訴自己：「好累，為什麼要我讓？」如果被第二個念頭蓋過去，你就會忘了第一個念頭才是自己的初心，久了，就會迷失自己，所以絕對要相信自己的第一個念頭。

我的第一個念頭是，這個客戶一簽約，極可能招來大虧損，進而影響人生，我如果為了這筆錢財，而成了推他掉下懸崖的人，將來我的墓誌銘會寫著：「這裡住著為了賺一千八百萬元，而毀了別人人生的不義之人……。」但我第二個念頭馬上出現，那不關我的事，當作不知道就好，反正是他自己的決定。就這樣，小天使與小惡魔的念頭反覆在我腦海裡交戰著。

到最後，小天使戰勝了！最後沒賣掉房子，我雖然少了一大筆收入，也不過是從吃燒餅夾牛肉，變回夾油條的平常日子而已，我還是活得好好的。但為了佣金賣掉這間店面，卻會讓客戶的人生充滿危機，「人生不求做出什麼善事，但求先不要做壞事。」是最終阻止我的一個提醒。

現在回想，我很慶幸自己沒有為了一千八百萬元而動心，成為有愧之人，讓我現在走到哪裡都能抬頭挺胸，更重要的是，拒絕了這麼大的誘惑後，後來許多其他的金錢利益誘惑，都不再讓我動搖了，我能夠一直堅定理念與信仰，今天才會留有好口碑。

不收紅包，反而有更好的業績佣金

人的信用就像存款簿一般，是一筆筆慢慢往上加的，不同的是，不管價值有多少，只要一提領，辛苦累積起來的信用，馬上就會消失殆盡，再也買不回來。因此，入行至今，我絕對不收紅包，因為不管是買方還是賣方，紅包代表的是對方滿滿的感謝與信任，可是說也奇怪，只要你一收，感謝就停住了、信任也瓦解了。可能對方會覺得他付了錢，彼此就兩不虧欠了，而且，也會開始懷疑「你收了我的紅包，是不是也會收別人的？」反而開始猜測，對方是否包了更多的紅包給你，而讓他蒙受損失，下次他再有房屋案件要委託，就不會找你了。

所以我堅持，仲介除了收取應得的服務費用，其他的一毛都不該拿。如此，才能積存客戶的信賴，彼此的關係才會持續長久，客戶也才會一個介紹一個，帶來更多的業務拓展機會。

這樣算下來，不管紅包金額多少，收了就虧大了。**為人得先從實在做起，才能用實在換信賴；信賴又換得依賴，讓自己成為客戶不可缺少的存在。**

有次我建議某客戶買一億二千萬元的豪宅，幾年後，豪宅漲到兩億元，他們覺得我幫他們賺錢，因此常常找我看房子，每次看到我總是要塞個幾十萬的大紅包給我。第一次我把紅包放回他們車上，婉拒了。第二次，他們更加堅持：「你一定要收，不然，我們不跟你談，不找你買房子了。」我還是想盡辦法拒絕了。

第三次，他們想了一個更好的理由，趁我女兒出生，包了一個八萬八千八百八十八元的紅包：「這是給你女兒的見面禮，不是給你的。」我實在很難拒絕，女兒生日是年底，我趁著過年，回包了十萬元給他們當新年賀禮。不收紅包就算了，這個動作，讓我多花了一萬多元，明確跟對方表達，我真的不需要紅包，如果硬是要給我，那麼我只好再包一個更大的還回去。

看起來我的帳面上是虧了，但信用紅利卻因此大幅增加。這中間，這位客戶因為對我的信任，即使人不在台灣，還是透過電話，一連買了好幾間高檔價格的房子，算算仲介費加起來就有兩千萬元之多。不只如此，客戶還介紹不少企業界好友給我，讓我那年光是在北區的同棟新蓋豪宅，就賣了八間，每間成交價格都在兩億元之譜。

對我來說，信用的價值，真的是無可計量的，不只能獲得高額的業績報酬，還能贏得尊重與長久的友誼。更重要的是，讓我可以理直氣壯出現在各種媒體、企業內訓以及高資產客戶族群的聚會，不會有心虛之感。

9 客戶有疑慮，馬上做說明

不怕被利用：即使沒業績，也要花時間提供服務

某天一個客戶打電話來，劈頭就問：「葉國華，士林科技園區你熟嗎？有人介紹我去買那裡的土地，你覺得呢？」

很單純的選擇問題，回答起來卻非常複雜，因為那裡不同時間、不同位置，都會影響到土地現在跟未來的價錢。我請他給我兩個小時的時間蒐集資料、請教專家，到時會給他完整報告，讓他能根據這些資料，做出正確判斷。

即使手上有其他案件在處理，我還是撥出時間來，努力查找資料，並且透過

關係，詢問相關人，不只口頭跟客戶報告，還附上書面整理出來的分析。

例如土地從某日停止過戶，到不同區塊規畫的不同使用分區，容積率的差異到每坪土地未來可能的價值，我都一一清楚條列出來，最後客戶問我：那一坪五十萬元，能不能買？我馬上試算了一下，假設是住宅區，發還的土地高達六〇％，每坪變成一百二十五萬元的價格，感覺還可以接受，但如果是科專區，發還的土地剩下五〇％，價格就變貴了。得詳細了解土地所在的位置，才能進一步研究建議。

客戶聽完，只說了句：「我知道了，謝謝你。」就掛上電話了。

他沒有告訴我，這塊地是不是委託別的仲介在處理了，或者之後會不會委託給我負責，我也沒問更加詳細的資訊，表示出積極想要爭取委託的意思，就是很單純的，提供他有效的訊息分析，如此而已。

為什麼我要花這麼多時間，去做不見得有回收的工作？

理由很簡單，我要成為被客戶利用的人。客戶打電話諮詢我，在他的心裡，我就是有價值的人，這是我為自己專業形象加分的好機會。如果我能提供有用的資訊、有效率的分析，就能為自己在專業上，取得有利位置。反過來，如果我急著爭取自己的業績，客戶就會感到厭煩，擔心我會為了搶業績而分析偏頗。如果因為急著要業績，反而失去客戶對我的信賴，下次有疑惑時，他就不會找我了，我失去了利用價值，他真的有委託案件，更不會想到要找我。

有句老話：贏得戰爭，要三分軍事，七分政治；在我看來，要贏得業績，得三分業務，七分服務播種。業務員大部分的時間，都應該花在播種服務上，才能有所獲得。

重要的不是當下能不能成交，而是得先建立被信任、依賴的形象，讓自己在對方心目中有著「非你不可」的重要性，關鍵時刻到了，就會有很多意想不到的回收，不管是金錢還是精神上的。

所以，對於客戶的諮詢、請求，一定要想辦法達成，把對方的事情，當成自己的事情處理；承諾的事情，不只一定要做到，還得快速完成，才能讓對方感受到你願意被利用的誠意，等到真的有需求，客戶絕對會自動找上你。

在不經意間，信任就會崩解

累積信任非常不易，要展現專業、拒絕誘惑，還要樂意被利用，這麼兢兢業業的經營著，卻很容易在不留神間，就全數瓦解。我是個小心謹慎的人，尤其是面對客戶時，更是時刻提醒自己要面面俱到，每句話、每個動作，必定再三斟酌才會出手，就是不要出任何的差錯，砸了自己的招牌，畢竟我是個只剩下「信用」價值的人。可是我再怎麼不讓自己犯錯，還是遇到過全盤皆輸的慘況，只因我沒有關注到客戶的疑惑。

某天某家上市公司董事長，主動打電話給我，表明想賣某一區的豪宅，邀我到他辦公室聊聊。這位董事長是透過朋友介紹，主動找上我，對於這個天上掉下來的機會，我非常珍惜。

到了約定那天，董事長客氣到電梯口迎接我，談話的過程中，只要我喝了口茶，董事長便會立即請祕書進來補熱茶，看得出來，他不僅留意細節，也是位善待尊重專業人士的人。我們相談甚歡，當場約好了兩天後去看房子。

當天，我人還沒到，董事長已經請司機在樓下等我，引導我去停車，帶我上樓，進房後，董事長很客氣請我喝茶，東聊西聊中，他突然問我：「葉先生，你有請你同事到我公司去嗎？」我搖頭說沒有，董事長沒有露出任何不悅，還是很客氣說：「這樣啊！可是你走了之後沒多久，有個跟你一樣，也是打黃領帶的B先生來找我，說是跟你一起來的，你不認識嗎？」

我告訴董事長：「黃領帶是我的同事沒錯，但我們公司同事很多，我不見得都認識。」對我來說，這是誠實的答案。那次會面之後，董事長再也沒有跟我聯絡，我撥電話給他祕書，只得到：「董事長說不用了，謝謝。」這樣冷漠的答案。後來那間房子，由另外一家公司賣掉了。

這件事情對我打擊很大，我明明被視為上賓，接觸後，也努力展現專業，小心應對，卻莫名被宣判出局。我很是懊惱，卻想不出來自己到底哪裡做錯，對我來說，不知道錯誤在哪裡，比失敗本身還讓我挫折。

於是我送了一份禮物，附上道歉信給祕書，我知道像這樣高端客戶的祕書不會隨便收禮，一定會退回來，但我的目的，只是要跟祕書聯絡上而已。果不其然，祕書撥了電話給我，本意是要拒絕禮物，但我立即抓緊機會，請求她告訴我，整件事情，我哪裡出了錯誤？讓我能夠知道該怎麼檢討改善。

祕書後來才告訴我，問題就出在那個在我之後主動上門的同事身上。雖然那個同事坦白告訴董事長：「不是葉國華叫我來的。」但當董事長問起的時候，我只表示不認識，卻沒有解答，他的售屋訊息，為什麼會讓一個我也不認識的同事知道，這讓董事長覺得不放心。

我這才恍然大悟，原來我依照公司規定，將案件輸入電腦系統的公開資訊，同事拿了這個當年還未被管制的資料，就積極上門拜訪，他的勤快認真，卻壞了整件好事。謹慎保守的客戶，立即築起防線，而我連解釋的機會都沒有，因為沒有留意對方釋出的疑惑，信任馬上瓦解。

對我來說，這雖然是非戰之罪，卻給了我很大的教訓，那就是得小心留意客戶的每個疑惑，否則在不經意間，連怎麼失去對方的心，都不知道。

後來在我的建議之下，公司修改了規定，客戶的資料不再開放給公司所有經紀人，只限定相關處理的人擁有查詢權限。

第五章

利他第三步：

聽、問、切、笑，找出客戶的真正需求

客戶告訴你的，不見得是心底想要的，

真實想法常隱藏在抱怨、不滿裡，

要能聽出弦外之音，才能找到真正需求。

10 買屋和住屋不同人，關鍵在誰？

小王是個認真勤快的經紀人，他手上有一對趙姓夫婦，花了一年多時間看房子，卻遲遲沒有下手，小王也不抱怨，總是認真而熱心幫這對年輕夫妻找尋適合的房子。

那個月，小王一連帶看三間房子，他很開心告訴我：「我終於知道趙氏夫妻要什麼房子了！這次我介紹這間，他們一定會喜歡。」結果帶看完一個小時後，小王自己一個人回店裡，客人沒有跟著回來談，顯然又沒成功，他給我的回答是：「還要再商量。」我越想越不對，小王跟客戶相處這麼久，還沒辦法幫他們找到滿意的房子，一定是沒有找到客戶真正的需求。

為了找出真正原因，我請小王將現場狀況還原給我聽。原來，除了夫妻倆，趙媽媽也跟著一起看房子。小夫妻興奮的東看、西看，每個房間都仔細規畫，熱切討論著床要擺哪裡、哪邊可以放櫃子、每個房間可以設計成什麼用途。小王被小夫妻感染，也奮力介紹。

但趙媽媽卻很冷靜，她什麼都不想看，往後陽台走了一下，說了句：「這是要怎麼曬衣服，怎麼住啦！」然後，就站在客廳裡，一句話都不說。從頭到尾趙媽媽就只說這一句話，卻是表達需求的關鍵，經紀人居然沒有理睬。就這樣，整個交易停了下來，小夫妻說要回去跟媽媽討論一下，再告訴小王最後的決定。

個性積極的小王問我：「不然我晚上再打電話去，問他們溝通的狀況怎麼樣好了！」

我忙喊卡，這時候千萬不能打電話，從這家人的互動可以看出來，買房子的決定權是握在趙媽媽手裡，雖然要住的是小夫妻，但趙媽媽才是出錢的人。小夫妻想要買下這間屋子，得說服趙媽媽，這時如果打電話去問，企圖想催促成交，就是逼趙媽媽給小夫妻答案，會造成他們家庭間的緊張壓力，不但不會成交，反而會造成反效果。

我請小王再找一間房子，這次要找間條件類似，但要留意，一定要陽台大的，我跟他一起去帶看。

一到現場，我馬上拉著趙媽媽到後陽台去，針對這個陽台做介紹：「妳看這後陽台，十間也沒這間這麼大，不只讓房子通風好，這裡擺洗衣機之外，旁邊還能放架子，洗衣粉、衛生紙這些清潔用品都可以收納，方便又整齊。」

這樣一說，始終板著臉的趙媽媽，終於打開話匣子：「兒子媳婦都不會看房子，自己要住的，一定要把生活細節都考慮進去啊！」我肯定趙媽媽：「年輕人都這樣，所以才需要妳幫忙看啊！我以前也不懂這些，都是客人教會我的。」趙媽媽覺得我看出她的心思，很是開心，馬上就談了價錢，順利成交。

小王覺得我很神奇，一出手馬上就成交，但其實，還是那句老話「no magic」，能促成神奇成交的，是我觀察到客戶的潛在需求。趙媽媽沒有把自己真正的需求說出來，內心卻有定見，這個真實的想法卻隱藏在抱怨、不滿裡，要能聽出弦外之音，了解並滿足趙媽媽的需求，才能讓案子成交。

越是堅強嚴肅，越是希望被理解

小時候，我就在媽媽的麵攤裡發現，人有很多面向，真正不願意顯露，或者不知道如何表達的那一面，往往才是最需要被理解的。

那些到了夜晚在麵攤喝醉的男人，展現出不同於白天的木訥模樣，有些人大聲罵人；有些人大哭大鬧，從家庭、工作到社會的滿滿不快，都在這時候，釋放出來。我才發現，原來許多人平常是不敢或者不知道，該如何把心底真正的想法說出來的，看起來越是堅強嚴肅的人，內心越是希望被理解。

踏入房仲這一行，面對各式各樣的客戶跟狀況，我更深刻了解到，探求到客戶真正的需求，才是成交的關鍵。**有時，客戶告訴你的，不見得是他心底真正想要的，你得從各項細節去綜合歸納，才能判斷出對方真正的需求。**

在天母店的時候，有位錢先生上門想找兩千萬元左右的房子，說是為了讓孩子設學籍，好進公立學校念書。我問他：「那，買了會搬來住嗎？」錢先生說不會，我又問是不是要租人？他這麼回答：「麻煩！放著就好。」

錢先生說話簡潔俐落，直逼重點，不會東扯西扯，我判斷應該是個公司老闆，而且買了兩千萬元的房子，能夠「放著就好」，顯然是很有實力，不在乎租金收入。雖然他表明了不租人，但回答是：「麻煩」。這代表，他不是不想租人，只是怕麻煩而已。

跟其他經紀人不同的是，我會細細分析這些看似細枝末節的訊息，進而找到客戶真正的需求，而不是只針對客戶表面上提出來的要求去服務。

錢先生簡短的回答裡，其實已經表達他實際上的想法，那就是如果能租人又不麻煩，當然是他歡迎的狀況。

畢竟像錢先生這樣的企業主，不可能不談經營績效、投報率的，他預先排除的租金收入，大概是計算後發現，收取這些租金，跟自己必須投入的管理心力相比，實在不划算，所以乾脆就捨棄這筆收入。

可是如果我能幫他找到不須費力管理的租金收入，不就能讓他既滿足孩子設籍的表面需求，又達到了投資回收的潛在需求？

於是我建議他，反正只是要設學籍，沒有居住需求，倒不如買店面，找間簽了固定年約的店面，既可以有租金收入，也不需要太費力管理，這樣就不會只為了設籍，白白放了兩千萬的錢在房子上。

錢先生聽了很高興，覺得我有幫忙設想，於是從公寓改成看店面，一樣是價格兩千萬元左右。帶看的過程中，我發現對方口袋很深，也能接受上億元物件，便大膽推薦他不如投資買一間兩億元的店面。那間店面我已經跟原本承租的銀行談好，後續將承租至少十年，每月租金八十萬元，如果買下，可以說穩賺不賠；這十年內每個月可以有八十萬元收入，扣除貸款利息，還有賺，十年後，房價漲了，還能賺取差價。單一固定的租客，又不需要費心管理，完全符合錢先生的需求。

兩天不到，錢先生就決定買下這間兩億元的店面，當時店裡每個人都覺得我中了頭彩，因為這之前，根本沒有人賣過價格這麼高的店面，我卻可以在短短兩天內順利賣出去，而且還是個本來只想買兩千萬元公寓的客戶。

這個成果來自於細膩的觀察，探求出客戶真正的需求，並提供相對的建議與服務。對我來說，我賺到了難得的高額佣金，對錢先生來說，他不只不需要多花錢買房子讓孩子設學籍，還可以賺到穩定的租金報酬，也得到了意外收穫。這就是探求出潛在需求，讓自己跟客戶都獲利的雙贏效果。

從客戶看似不經意說的一句話，或者東拉西扯的抱怨裡，聽到對方真正需求的能力，是我反覆不斷練習，累積得來。自我訓練的步驟如下：

1 傾聽抱怨裡的在意點

大部分業務員最常犯的毛病就是不停地推銷，想趕快讓對方知道產品優點，講個不停，很努力，可是很難成功。因為業務員只想「賣」東西給對方，而沒有想幫客戶解決問題。

其實業務首先要學的是「聽」，而不是「說」，要知道從客戶的抱怨聽到弦外之音，才能找到客戶的真正需求。

例如找屋主委託銷售時，常常聽到屋主罵：「你們房仲都這樣，來要委託，天天上門，委託書拿到，一、兩個星期都沒消息，再來就是要我降價！」這樣的抱怨，在房市景氣不好時，更是常見。屋主在意的是什麼？他抱怨經紀人一、兩個星期沒消息，就是覺得自己房子託售後，沒有被關注；抱怨一來就要降價，就是感覺經紀人沒有幫忙爭取他的利益，只想要他降價，經紀人好趕快賣掉房子，賺取佣金。

傾聽非常重要，即使是謾罵，也可以從客戶講到哪裡情緒特別激動處發現，原來他真正想要表達的是，受了別的仲介的委屈，如果你能夠聽到他話裡的真正意思，他就會發覺你跟別人不一樣，是真心想要解決他的問題。

還有一種客戶老是東拉西扯，講一些不相關的事情，例如埋怨媳婦兒子不孝順、婆婆難搞、孩子被公婆寵壞，這些看似跟買、賣房屋沒有關係的生活怨懟，其實隱含沒被滿足的需求。覺得媳婦兒子不孝順，背後的原因是住得遠，不常回家，阿嬤看不到孫子、兒子，背後都跟房子很有關係。

只要能用心傾聽客戶說些什麼，並且勤加筆記，回家後好好分析，找出解答。久了，就會發現，業務也好、人生也好，都是有考古題的，幾乎所有的解答，都可以從我自己累積出來的答案庫裡找到，慢慢地，能難倒我的問題越來越少，能夠幫別人解決問題的能力也逐漸增加，自然人生越來越順利，獲得的尊重與友誼也越來越多。

2 問對問題

聽完客戶說什麼後，就要懂得問問題，問對問題不但能挖掘客戶真正在意的是什麼，還能加深客戶對你的印象，更重要的是，將面對客戶時的被動角色，轉變成主動，如此一來，才有掌握局面的可能。

我被調到天母當店長時，雖然店處天母這個豪宅林立的高價區，所有經紀人手上卻沒有任何豪宅，我心裡想：「這怎麼行，如果在天母沒有拿到豪宅物件，根本就不用混了。」

於是我請經紀人列出全天母最貴的案子給我，那是樓中樓住宅，屋主根本不隨便賣，也不會交給一般經紀人賣，所以一直以來，沒有經紀人開發到這間住宅。我心裡想，不如就上門試試看，利用這個機會去了解，最貴住宅的屋主，到底是怎麼挑選經紀人的。

我親自打電話，不出所料，當我一說出：「我是永慶房屋忠誠店……」屋主就把電話掛掉。我不放棄，繼續每天撥電話過去，那是個只有電話，沒有email，也沒有line的年代。我只能不停打過去被屋主拒絕，讓屋主從掛電話到開始說話：「你不要再打來了！」他叫我不要打，我就不打，那算什麼？我不可能不打，不打怎麼繼續做業務？就這樣被罵、被掛電話，過了整整一個月。

我沒有灰心的感覺，因為我的目的不是要他聽我說，只是想要讓他記得我。等到他對我有印象了，再把「給我一次幫你賣掉房子的機會」的訊息送進去就好。我要讓屋主知道，我是有企圖心的人，而且我手上有能夠買房的客戶。

又過了幾天，屋主聽我講話的時間比較久了，卻還是不肯鬆口，我開始反守為攻，問屋主：「為什麼不給我機會，可以告訴我原因嗎？至少讓我知道我怎麼失敗的。」屋主從被我拜託，到被我追著問理由，他說不出拒絕的原因，卻必須每天面對我，轉變成得給我一個交代的麻煩來。撥打電話的過程中，雖然我們互動對話不多，彼此卻產生了微妙的變化。

一個月後，屋主有天氣沖沖跑到店裡來，一進門就大罵：「葉國華在哪裡？你很好膽，叫你不要打電話來，還一直打。你是怎樣？」我站在那裡讓他發洩情緒，罵完後，我告訴他：「我不是好膽，是我有好客人，我只是想賣你的房子，我們可以坐下來好好談，等聊完，你再決定。」

其實從看見屋主進門時，我就知道，屋主一定會把案子交給我，否則他不會親自上門，他來，就是想看看我是怎麼樣的人，做最後的決定。只是每天被我追著問，心裡一定很不舒服，總是要先罵幾句，發洩內心的不滿。

最後屋主告訴我：那就給你機會試試看，只是有個條件，你得親自帶看，不能假手他人。

就這樣，我從不認識、被拒絕，再到被罵，然後反過來，我去跟屋主要答案，給不出答案的屋主，仔細想想，確實該給我個機會試試看，結果，我就順利拿到了從來沒有拿到過的豪宅委託案。

所以除了聽之外，探索客戶還要懂得問問題，而不是不停說，問對問題反而能夠建立對方對你的印象。

服務完客戶，我不會要對方幫我介紹親戚朋友來買賣房子，而是跟對方說，我有什麼缺點你要告訴我，我來改進。遇到成功人士，我會問他們：「能不能告訴我人生成功的三個要訣？」

一來我可以得到有用的建議跟想法，二來我當下贏得他們的尊重，對我印象深刻，人脈資源就此滾動出去。

3 切入重點

探測出客戶真正的需求後，接下來要做的就是站在客戶的立場設想，幫他爭取最大利益。

在大安店時，有天晚上八、九點，孫小姐走進店裡，說自己是銀行職員，想找兩千萬元左右的店面投資，還沒有什麼特定標的，只是隨便看看，有沒有什麼適合的物件。

我介紹一間位在夜市的店面給她，售價大約兩千六百萬元，看過那間店面後，孫小姐很是擔心，拉著我問：「這價錢會不會太貴？租金要多少，投報才划算？將來萬一沒生意，租不出去怎麼辦？未來會不會漲？」

一連串的問題下來，我就知道，孫小姐對投資店面一點概念也沒有，這是她第一次買店面，所以很緊張，可是心裡也充滿了對投資回報的期待。

我根據她的期待，大膽推薦另一間價值七千八百萬元，位於黃金路段的店面給她。這間店面價錢雖然比孫小姐預期的高了一大截，可是如果以她真正在意的投報率、回收來看，卻划算許多。

根據現況，那間店面租給一家便利商店，租金是三十八萬元。孫小姐有兩千萬元的自備款，以貸款五千萬元，利率三％計算，每個月得繳付的本金加利息大約是二十六萬元，扣除掉這個成本，每個月還可以淨賺十二萬元。如果只是買兩千多萬元的店面，一般租金大概在八、九萬元之譜，再怎麼樣都不可能賺到十二萬元的淨利。這間店面地點好，我估計三年內可以漲到一億元，到時候，我有把握可以幫她賣到這個價錢，所以大膽建議孫小姐買下黃金路段這間店面，才能符合她真正的需求。

孫小姐聽了很是心動，跟先生商量後，決定隔天付斡旋金。我看出兩人還是有些不放心，於是要他們隔天再來一趟，我會提出證據，說明為什麼這間店面非常值得投資。

隔天我清晨五點起床，五點半就到便利商店門口，觀察生意狀況。我在六點鐘整，進去買個東西，打一張發票，七點半再去打一張發票。上班時間，便利商店人來人往，很是熱鬧，一直到大概九點過後，人潮漸漸散去，我再進去打了兩張發票，等到中午我再去一次。從發票的編號計算，我就可以知道，兩個尖峰時段間，這間便利商店有多少人潮，並且從人潮推算出一天的營業額。

確定了便利商店的可能營業收入後，我仔細計算，發現這確實是個好投資，便利商店生意穩定，繳付每月三十八萬元的租金不會有問題。我將這個數據提供給孫小姐夫妻參考，兩人看了之後，信心大增，對這個案件非常滿意，就連陪同來看的銀行經理友人都偷偷跟我說：「如果他們不買，我買！」

於是，價值七千八百萬元的店面，就這樣成交了，我的佣金也從本來客戶只想要買的兩千多萬元物件，增加了三倍之多。

服務客戶時，不是只滿足客戶提出的要求，而是得從對方提出的要求裡，看到客戶真正在意、希望達成的目的是什麼，從這裡切入為客戶找到最符合期望的物件跟服務。

11 即使沒收到錢，也要贏得口碑

4 從心裡堆滿笑容

從事服務業，有時候幫客戶設想，盡心服務，不見得會有立即回報，可能還會被占便宜，這個時候，很多業務員或經紀人常會滿心抱怨，覺得白白付出，被利用了。

奉勸大家千萬不要這樣想，當你心懷怨懟的服務，才是白白浪費自己的心血。不管你服務得再好，在最後一刻，因沒有收到相對回報而擺臭臉，留給對方不好的印象，那你的好服務就只剩下「態度很差」的評價而已，既沒有收到錢，也沒有贏得口碑，才是連自己都輸掉了。

我的建議是：「越是讓客戶占盡便宜，心裡越要堆滿笑容。」這樣即使這次沒有得到回報，卻能贏得客戶讚賞，這樣的付出，將來才會帶來意想不到的回收。

我剛調到大直店擔任店長時，一位李嬤嬤上門要找國宅社區的房子，旗下經紀人辛苦找到符合她理想的房子，好不容易也談成她要的價錢。在成交前，李嬤嬤卻將服務費殺到只剩下兩萬元，當時已經簽約在即，騎虎難下，即使算下來，一點賺頭也沒有，因為種種原因，不得不幫她成交，因此還是得硬著頭皮完成服務。

經紀人心裡很是委屈，他覺得為了李嬤嬤的案子盡心盡力，也忙了一、兩個月，沒想到最後只有這些回收，自己實在虧大了。我告訴經紀人：「你絕對不能因為這樣就隨便服務，反而要細心、體貼、不能有半點抱怨，要讓李嬤嬤感受到我們的認真與用心才行。」

聽從我的建議，經紀人從簽約到成交，一路笑著鞠躬送李嬤嬤離開，過程中沒有半點抱怨、不滿，李嬤嬤最後說：「我以為價錢被我殺到這麼低，你們會隨便處理呢，沒想到還是這麼妥貼。」

不知道是不是李嬤嬤因此對我們感到不好意思，還是發覺我們的服務物超所值，她反而成為我們在國宅社區的「駐點推銷員」，一發現有鄰居要賣房子，馬上通知我們，還會拉著鄰居上門來。從李嬤嬤那間房子之後，我們每個月成交三間國宅社區的房子。

回到那句老話：「幫助別人的同時，也幫助了自己。」前提一定要記得：從心中堆滿笑容的去吃虧。

人，是有品牌的

「利他」看起來是為別人著想，但其實是放長線的自我經營策略。一開始我只是單純想要建立自己的好口碑，慢慢地我發現，這樣的口碑會帶來信賴與成功。

因為事業上急需周轉，周先生上門求售兩間大安區的豪宅，開價兩億三千萬元，可是市場行情大概只值一億八千萬元，周先生卻堅持，最少要賣到兩億才可以，否則他無法填補公司營運的缺口。

周先生的堅持，讓這房子在市場上擺了好幾年都沒有賣掉，後來因為其他案件的接觸，他發現我手上有許多豪宅客戶，所以上門指定要我幫他賣，還開出條件：「兩億賣掉的話，額外包兩百萬紅包給你。」

我堅持不收紅包，本來想勸周先生降價，但看他為了資金缺口苦惱，因此想幫忙他，於是詢問了一位客戶，這位客戶最近沒有購屋打算，聽到我推薦這棟房子，開始動心，他問我：「現在這房子有這個價值嗎？」我很老實回答：「短期內是沒有，可是如果你不缺資金，買來放著倒是不錯，未來增值空間很大，是個很好的長線資產標的。」客戶聽了我的建議，決定以兩億元價格成交，還說：「葉國華，我是看在你的分上買的。」後來這位客戶還是等到了房價上漲時機。

當下我才發現，原來人是有品牌的，這個品牌就是一個人的價值，當別人需要幫忙，想到你，而且信任並聽從你的判斷分析時，就是個很重要的指標，代表你在這方面，對別人來說是有價值的。我在當時，已經在不知不覺努力的過程中，建立「房產專業」的價值。

做到專業，有了客戶，接下來就是想辦法將自己的好口碑拓展出去，才能建立自己的個人品牌。

服務好手上的客戶，滿意而熱心的客戶當然會幫你介紹其他客戶，可是這樣的貴人，卻是可遇不可求。我不會把自己交給命運，而是想辦法掌握每一個不可控制的因素，口碑擴散也是如此。

很多業務員，為了讓自己的口碑傳出去，常常在服務後跟客人說：「你對我的服務滿意的話，請再幫我介紹客人喔！」我從來不這樣做，因為我不認為客人得負責將業務員的個人品牌拓展出去。

打入新店中央新村的時候，我先幫忙出租一間別墅，成功成交後，立即在門口掛上大大的紅布條「賀某某某別墅兩週內成交。」很快地，其他別墅屋主開始找上門來，要我們幫忙販售。這就是主動行銷，設法把自己的成功宣告出去，讓成功成為自己最好的廣告，帶來其他成功。

攻入大直國宅社區時，我是把最不想讓仲介賺錢的客戶，服務得最好，從這個最難的客戶下手，感受到我們服務的熱情與專業。這樣的客戶滿意，自然好服務的口碑，就會傳出去，成為最好的活廣告。

進入豪宅、店面市場時也是如此，我先找最貴、最難賣的物件下手，由此開始拓展，因為唯有最困難的物件，才會引起注意，成功了也才能得到掌聲跟口碑。將這樣的口碑拓展出去，就是自己擦也擦不掉的金字招牌，讓接下來的成功得以不停複製下去。

第六章

敵我之間，誰較利他

在同業市場上競爭，重要的不是眼前這筆生意，

而是誰對客戶較有利，

得到客戶信賴，才是最後贏家。

12 得到客戶信賴，才是最後贏家

因為徹底實踐利他哲學，許多不可能的案件，在利他的實踐法下，到最後都可以成交。外人看來，總覺得我有什麼神奇魔法，被公認已經掛掉、被搶走的案件，都能夠救回來，順利成交，所以稱我為「魔術師」。但其實，我手上的魔杖就是「利他」兩個字而已，領悟並且努力做到，就能點石成金，無往不利。

善用「利他」搶回敵方已簽約案子

在大直店時，有間開價接近兩千萬元的房子，我們已經耕耘一陣子，好不容易找到可能的買方，卻傳來「已經賣掉」的消息。屋主告訴我們，她同時委託販售的另一家房仲公司，已經找到適合的買方，雙方談妥價錢，確定要成交了。

我的同事聽到這個消息，心情很沮喪，兩手一攤告訴我：「沒辦法了，只好認輸。」但我不能接受這樣的結果，經紀人至少要知道自己怎麼失敗的，才能在下一次，避免發生同樣的狀況。我要求經紀人蒐集情報，包括屋主賣了多少錢？賣的過程如何？收下的訂金又是多少？有了這些資訊，我們才可以判斷，這個案件是怎麼輸掉的，又該如何修正錯誤。

同事打電話請問屋主，這才知道，同業的經紀人，非常認真，得知有位買方很喜歡這間房子，立即幫忙談價，結果屋主同意，以一千五百萬元的價錢賣出。可是買方人在國外工作，只有一、兩個小時的轉機時間會停留在台灣，接下來就得等十天後，再回來洽談成交事宜。為了爭取業績，這位同業立即拿了合約到機場請買方簽約，可是因為適逢週日，沒辦法到銀行匯款、領錢，只能先從ＡＴＭ裡領出十萬元的訂金交給屋主。

我聽了之後，心裡非常高興，因為這樣的訂金、成交條件，對屋主來說，是最不利，最沒有保障的。用十萬元卡住屋主十天，萬一買方反悔不買呢？又或者這期間有出價更高的買方出現呢？屋主的利益顯然被忽略了，這代表我們有很大機會，於是我告訴經紀人：「我們一起來試試絕地大反攻的滋味吧！」

仔細評估後發現，如果要屋主退訂不賣，除了得歸還十萬元的佣金外，還有仲介費，依照合約，屋主得付給同業房仲四％，約六十萬元的佣金，再加上我們要收取的佣金，總計如果要把這間房子搶回來賣，我們找到買方願意出價到一千六百多萬元，才能讓屋主產生動力。顯然這是件不可能的任務。

我打了一通電話給屋主，分析狀況給她聽：「為了這十萬元訂金，妳得等十天才能簽約，中間如果出現出價比一千五百萬更高的買方，怎麼辦？放棄的話划算嗎？」屋主等於因為十萬元，卡住了一千五百萬元，這樣的條件並不合理，當時市場還算不錯，買家隨時有可能出現，價格再拉高的機會很大，顯然另外一方的仲介，急著把房子賣掉賺取佣金，卻沒有照顧到屋主的權益。「妳可以有不同選擇，我的客戶本來就在這裡，妳再想一想。」我這樣告訴屋主。

不要責怪客戶做的決定，也不幫客戶下決定，是我從事仲介服務的準則。我會引導、分析，並且化成問題，丟給客戶，讓客戶自己有機會再思考：「這樣做對了嗎？是不是為了一棵樹放棄了森林？」幫客戶釐清是不是下錯了判斷，否則急著幫客戶決定的結果，反而會得罪客戶，壞了所有可能的布局。

說完，我停下來，給屋主一段時間好好思考，同時和同事晚上下班後到屋主家去，趁機跟下班回家的屋主先生談。協助銷售的時候，我們發現，雖然簽約、帶看這些瑣事都是屋主在處理，可是每次談到真正關鍵決定時，屋主總是說：「我先生說……」可見家裡的大事是屋主先生決定，屋主有如祕書的角色。

這樣的夫妻關係，要屋主主動跟先生說做錯賣屋的決定，想要翻盤，是不太可能的事情。就算說了，屋主先生可能會生氣，夫妻因此吵架，反而無法傳達我希望說明的訊息。只得我們親自出馬，拿掉領帶，顯示出不是來談公事，帶著放鬆、朋友的模樣，把應該給屋主先生知道的訊息，透露給他。

我和同事帶著水果禮物到屋主家，坐下來跟夫妻倆聊天，帶著關心的語氣把早上我跟屋主說過的話再說一次。同樣的，不能幫他們下決定，只是以朋友的姿態，提出看法而已，說完就離開。接下來的夜晚，賣房子的討論一定會在他們家裡發酵。

我們的工作就是丟一個酵母進去，讓事件發酵，然後第二天早上再掀開看成果就好。果真隔天早上，屋主打電話來，說同意給我們機會，讓我們帶客戶去看房子，如果真的能賣到更好的價格，他們願意解約。結果，我們帶看的兩組買方，其中的買方一看，立即出價一千六百五十萬元，現場就成交了。

連已經下訂都能翻盤的案子，讓同業嘖嘖稱奇，對大部分經紀人來說，別人賣掉就賣掉了，這筆生意就算了。可是我不一樣，「即使輸也要知道自己是怎麼輸的」是我的人生準則，所以堅持要同事把狀況問清楚，即使不能翻盤，我們也要了解情況，杜絕下次再犯同樣的錯誤。意外往往來自於事前準備工夫做得不夠，從這個案例可以清楚發現，原來魔鬼、細節與機會往往都是混在一起的。

問清楚狀況後，得到的資訊讓我判斷出，這個案子還能翻轉，主要還是因為對手雖然勤奮、努力，卻沒有真正的「利他」，**站在客戶的立場為客戶著想，才讓我有切入點，順利扭轉過來，把不可能化為可能**。

做任何事情，資訊是最重要的，懂得羅列分析自己成功、失敗的原因，每成交或者失敗一件，事後都能重新模擬一次，看看有沒有需要改正的地方，下次遇到類似的狀況，有沒有更好的處理方式？如此一來，就能一次比一次更確保成功，將失敗的機率降到最低。

就因為這樣，一次又一次的檢討，後來大直店連續四、五個月都創造出超過一千七百萬元的店績效，成為永慶有史以來營業成績最好的分店。

沒成交也能拿四百萬元佣金

商場上爾虞我詐，別人即將成交的案子被我截走，我成交的案子也曾經被別人攔截過，但不同的是，我雖然認輸，卻是因為站在客戶的立場著想而認輸。這樣的態度，讓客戶對我心懷感激，最後雖然不是在我這裡成交，但賣方還是以四百萬元的佣金酬謝我們。

多年前幫廖總裁買的店面，因為他大陸投資需要資金，要我幫忙賣掉，因為是老客人了，就省略簽委託合約的手續，直接幫他物色合適的買方。兩個月後，在我們的客戶名單裡，找到買方，談定雙方以不到兩億元的價格成交。約好簽約過戶的那天下午，廖總裁發現忘了帶印章，又繞回去家裡拿，剛好萬安演習的警報聲響起，買方與我們就這樣卡在店裡，等著廖總裁回來簽約。

萬萬沒想到，這個演習，打壞了一盤生意。演習結束，廖總裁打電話給我：「現在有人出價兩億元要跟我買，你看怎麼樣比較好？」

聽到的剎那，腦中零點零一秒確實閃出一句髒話。我很快轉換過來，這個時候，絕對不能因為到手的業績飛了，而有一絲不高興，否則不只失掉這筆生意，更會打壞我跟廖總裁的關係，失掉經營好久的客戶關係。

我維持理智，跟廖總裁說：「一切以你最大的利益為最大考量，你希望我這邊該怎麼配合，就跟我說。」

最笨的做法就是告訴對方：「已經講好了，怎麼可以這樣？你這樣會違約喔！」用合約、法律來堵對方，馬上就讓自己跟客戶變成敵對狀態，好一點的只是弄得彼此好尷尬，更糟的狀況是，客戶可能因此被激怒，衝突就免不了了。

我選擇跟客戶站在一起。因為重要的不是眼前這筆生意，而是能否獲得客戶持續的信賴。

「現在，你要趕快確定那邊有收到訂金，不然那邊沒收到錢，我這邊又得罪買方，到時兩邊都落空，就虧大了。我也試試看買家願不願意加到兩億。」我完全站在客戶的立場設想，以對他最有利的狀況來處理，所以廖總裁主動邀請我過去見面討論，看後續怎麼處理。否則，以當時的狀況來說，除非我的買方出價到兩億，否則我當場不可能有跟廖總裁碰面的機會。

趕到現場後才知道，買方不知道從哪裡得到消息，知道今天店面就要簽約成交，趕緊找了對手仲介，等在廖總裁門前，希望能在簽約前將交易案攔截下來，恰巧碰上了廖總裁忘了帶印章，又有萬安演習，時間一拖延，就讓對方有機會跟廖總裁重新議價談判。

可以說，他們占盡天時、地利與人和。雖然我每次都會檢討失敗的原因，努力降低不可控制的因素，但人生總是有很多無法掌握的時刻。遇到這種時刻，千萬不能讓自己失控，把狀況弄得更糟糕，而是想辦法止血，挽救頹勢，讓「事情從我開始變好」。

我跟廖總裁單獨談，簽收訂金的建議，同時拜託廖總裁理解，對方仲介什麼都沒有做，只是跟著買方一起來，平白就得到四％的佣金，大約是八百萬元的仲介費，這樣合理嗎？商場上這種投機取巧的做法不應該被鼓勵。我雖然替廖總裁著想，幫著他去跟別人簽約，對同事卻無法交代，會被懷疑我們是不是有私人關係。所以如果這件買賣，廖總裁覺得我們也有貢獻的話，是不是能將一半的佣金補償給我們，畢竟我們也為了這個案子努力了兩個多月。

廖總裁感受到我為他著想的誠意與態度，二話不說就答應：「好！這件事我做得到。」於是，即使不在我手上成交，我們還是拿到了四百萬元的仲介費。不僅如此，後來幾年，廖總裁陸續買了兩間房子，都是市場的高資產物件，全部指定由我服務。

這就是利他的力量，我時時刻刻都沒有忘記自己的角色是什麼，隨時提醒自己，不要先想到自己的利益，而是從考量客戶的利益做起，讓客戶得利了，利益自然就會回饋到自己身上。這股正向的力量，在往後的業務推動中所產生的商機，真是難以量化。

賣兩億元店面給想買住家的客戶

曾有一戶開價高達兩億元的店面，賣了一年多，乏人問津。我發出豪語，要在一個月內賣掉，否則就辭掉店長職務，經紀人聽了頻頻勸我：「店長，不要啦！不用玩這麼大啦！」但我堅持賭下去，因為我知道，在利他法則的指引下，我已經累積了查探客戶需求跟問題的能力，只要幫忙解決掉買方對這店面的疑慮，就能順利售出。

這是間很複雜的店面，擁有一、二樓，雖然面寬，又位在商圈的中心點，外在條件非常好，裡面切割出租給三十二個攤商，每個月可以收到很好的租金。表面看起來收益很高，不過仔細計算下來，這麼多的攤商，不是每個人都會準時繳交租金，平均每個月的收益比合約金額要少一些。由於租客複雜，租方眾多，每個人的租期又不一樣，管理起來非常麻煩，光是處理退租、續租、新租的問題，就忙不過來了，買了這間店面，還得多出一個管理人力。

大多數有錢人不會買這種物件，對他們來說，太麻煩了。一般人肯管理，卻又買不起。分析起來，買方得要有錢、有經營管理概念，而且有意願，仔細想想，這樣的買方，要碰上，還真得靠運氣。

可是我從不靠運氣，依靠的是解決問題的能力。找不到符合目前條件的買方，那麼就從改善條件著手。

每天，我坐在店門口，看著開門、關門，人潮、車潮動線怎麼走，想著要怎麼把這間店面賣掉，有誰會買？又有誰有能力買？不停地思考。慢慢地我釐清，這間店面只能賣給有經營能力的公司企業主，拿退休金的投資者或所謂的田僑仔，不可能有辦法管理這樣的店面。

接著，我開始尋找可能的買方，親自或陪同經紀人，不停帶看有興趣的買主。我不奢望由此出現買方，我只是在蒐集資訊，透過上門看房的每組客人，得知他們的擔憂是什麼，真正糾結無法成交的問題在哪裡。

一般經紀人在這個階段就會開始急躁，想要趕快把房子賣掉，所以一有客戶上門，只顧著介紹、推銷，不停的說，卻沒有停下來聆聽客戶的需求、問題與擔憂在哪。我的方法是，先跟買方聊天，聽聽他們的看法，理解他們為何猶豫。

所有買方的疑慮都一樣，就是租約太複雜，光是管理就很麻煩，再來每個租約都只有一年，每年得重新來過，如果租約能長一點，也許還可以接受。

答案非常清楚，想要賣掉這間店面，唯一的解套方法就是先解決複雜的租約問題。

我繞了幾圈，畫出攤商分布的平面圖，把攤商的名字、營業項目、租金、押金以及租約到期日，一一在平面圖上列出。再列出最遠租期的攤商，接下來將所有租約靠攏。也就是說，接下來若有人想續約，都得跟最遠租期的攤商同時到期，用這種方式，把所有租約訂在同一日期結束。統計下來，所有租約都可以在一年後到期結束。

處理掉複雜的租約部分，接下來就是尋找下一個承租方，看了店面的大小跟位置，我評估非常適合銀行店面，而且銀行單純、固定的承租方式，是很受歡迎的租客，對買方來說，會有很大的吸引力。我找了幾家銀行來評估，果真有兩三家表明有興趣承租，每月租金大概落在八十萬元左右。

將租客的問題全部處理好後，又過了一週時間，距離我發出豪語的時限，只剩下最後四天。我在店裡，列出近一年來所有出現的買方，一個個打電話過去，店裡的經紀人過來勸我：「店長，算了啦！」有人則是看笑話，心裡想著，我沒事搬塊石頭砸自己的腳幹麼。但我心裡很清楚，我有目標、策略、計畫，並且一步步照著走，我就是要賣掉它，不可能賣不掉。

那是星期六晚上，電話對方是卯太太，她說要找一間兩千萬元的住家，因為孩子念私立貴族學校，大家都在比誰家比較有錢。她跟老公白手起家，勤儉的在大陸打拚，平常也沒時間陪孩子，怕孩子在這樣的環境跟阿嬤的寵溺下價值觀偏差，因此堅持要把孩子轉到一般學校去，買房子只是為了讓孩子能夠設學籍。

我跟卯太太約好看房的時間，掛上電話後就告訴同事：「就她了，這間兩億元的店面，就賣給她了。」

同事覺得我瘋了，明明人家只是想找兩千萬元的房子，我怎麼能夠塞兩億的店面給她？

這就是我多年訓練出來從細微的談話中，蒐集資訊的能力。

卯太太談起在大陸拚事業，代表是企業經營者；買來兩千萬元的房子，只是要設學籍，也不想租，代表有一定經濟實力；不希望小孩跟人比較誰有錢，處理的方法是直接改變孩子的環境，不是去罵小孩、打小孩，代表判斷精準、處事俐落，很有經營管理的能力，不怕複雜難解的問題。以上種種條件，不正是我尋覓已久的店面買家嗎？

隔天一早，我帶著卯先生、卯太太看了一間兩千萬元的住家後，我問他們：「如果有固定租約收入，願不願意出租，否則空著也是浪費。」卯太太同意：「如果買到的話，就麻煩你幫我們出租好了。」

這個試探讓我確定，他們其實不是不想要收租，只是怕麻煩，既然這樣，我就開始下一步試探。我問卯太太：「如果只是要設籍，沒有要住，那不如買店面，既可以設籍，租金收入又比較好。」

夫妻倆跟著我又去看了一間一千八百多萬的店面，我告訴他們這間店面每個月大約有四萬多元的租金收入，比較下來，不如買這間。這讓她對我開始產生信任，感受到我確實站在他們的立場為他們著想，而不是只想要推價格比較高的房子。

取得信任後，我再往下試探，確定他們是不是真的如我所想，能夠接受上億元的房子。於是聊天時，我指著山上的別墅問：「那邊有間別墅在賣，不知道你們有沒有看過？會不會有興趣？」

卯太太一聽，大為驚喜：「那裡環境很好，我之前問過，就是沒看到有人要賣。」於是我帶他們上去看一間開價一億五千萬元的房子，卻不巧，房子現場正在簽約成交，卯太太有些失望，但我心裡卻很開心，到目前為止，我昨天晚上下的判斷都是正確的。

接下來就是重頭戲了，我開始提到那間開價兩億元的店面：「等下會經過一間店面，屋主賣了很久，價格好談，投資報酬率會很高，如果你們有時間可以去看一看。」

我帶他們看一圈後，再回到店裡，攤開我之前做好的平面圖，將租約狀況、租金收入，一一解說清楚，同時還告訴他們，大概一年後就能將這些零星的租約結束掉。我另外找了銀行願意承租，租金比現在每月稍低一些，差異約有十餘萬元，可是穩定又不需要管理，算下來是比較好的投資。

以目前行情，如果在一・五億元到一・二億元之間成交的話，自備款只需要一千五百萬元，比他們預期要買的兩千萬還少，每個月的租金收入，扣除貸款利息，還能有幾十萬元的收入，如果再加上後面的增值，絕對是穩賺不賠的投資。

夫妻倆一聽，立即表明要買，當場付斡旋金，過兩天，我找買、賣雙方一起坐下來談價錢，最後以一・二億元的價格成交。那天，剛好是我店長保衛戰的最後一天。

這個案子成交下來，我們店總共收了六百萬元的服務費，是當時公司有史以來最大的案子。那個月，總計八百多萬元的業績收入，讓我們店一舉登上全國冠軍的寶座。

13 讓客戶看到你為他努力的過程

從九十萬元到一千兩百萬元，有沒有「利他」差很多

接士林店的時候，碰到很認真的經紀人小李，一般業務摩托車輪胎頂多半年到一年換一次，但小李每個月就得換一條輪胎，因為小李為了拚業績，可以一天從淡水、金山、萬里，再到鶯歌、板橋，然後再繞回淡水，最後回到公司，到處拜訪屋主。對自己的努力，小李很是自豪，我一來，他拉著我去看他的摩托車輪胎，然後告訴我：「店長，以後不要問我去哪裡。」

這麼認真打拚，業績卻慘得可憐，進公司兩年來，只有九十萬元的佣金收入。

我也覺得很奇怪，這經紀人年輕、認真有衝勁，做事情手腳俐落，不管拿東

西、吃飯，動作都很快，每天第一個到公司，一早就開始打掃，晚上十點過後才離開。跟小李談話也發現，這是個非常聰明的人，但為什麼業績還是這麼差？問題出在哪裡？

請小李跟我仔細回報拜訪每個屋主的狀況，這才發現，他雖然勤勞拜訪屋主，手上也因此有不少委託售屋案，可是每次見到屋主，總是說：「哎呀！這店面怎麼賣啦？價錢啦，你價錢沒下來，叫我怎麼賣？」

我很訝異小李怎麼這樣跟屋主說話，沒想到小李兩手一攤告訴我：「我做人就是實在，不喜歡講話拐彎抹角嘛！既然說來說去，還不是要屋主降價，那就不要浪費時間，直接告訴屋主就好啦！」

小李覺得自己是真性情，講直話沒有錯，可是卻沒有站在屋主的利益去思考。對屋主來說，降價不是問題，最大的問題在於，沒有看到經紀人幫他努力、為了他的利益付出的過程。屋主期待看到的是，經紀人找到能力、條件對的買方來，而且這些買方也對物件感到心動、滿意，然後經紀人在過程中，也有努力幫屋主爭取權益。

一般因為價錢因素賣不掉，我不會要求屋主降價，而是告訴屋主：「是我努力不夠，才沒有辦法賣掉。」

屋主感受到我努力的誠意跟堅持，幾次之後，就會想知道「到底為什麼賣不掉？」這時候我才會提起市場狀況，可能因為卡在價錢，而無法成交，可是屋主如果堅持不降價，也沒有關係，「我會再努力看看。」

這就是做到讓客戶感動，自己覺得這間房子賣不掉，不是經紀人的問題，而是自己對價錢的堅持導致。通常等到屋主感受到經紀人的用心，確實有做到照顧屋主的利益時，即使經紀人沒說，屋主為了順利讓自己的房子出售，也會主動調降價錢。

小李卻覺得這樣太慢了，一點效率也沒有。我問小李：「挑一桶水到另外一頭去，你急著跑，水桶大力晃動，到最後桶裡只剩下三分之一的水。而我呢，慢慢地挑，慢慢地走，到了終點，桶裡還有七分滿的水。你覺得是誰的達成率高呢？」

他聽了我的話，開始有些領悟，卻不知道該如何著手。於是我請他除了自己每天固定的拜訪行程外，排出一個時間，跟著我去做一個案件的銷售。我鎖定一間兩千八百萬元的店面，從貼看板、登報紙廣告、到其他店的客戶裡面尋找買主，再親自陪同示範帶看與案件銷售，最後將這間店順利賣掉。每個步驟，都帶著他去跟買方接觸，讓他學習到完整的銷售流程，同時可以實際接觸到買方，蒐集買方的問題、對市場的看法，以及買方的需求，不只是聽到情報，而是實際接觸蒐集到情報。

有了實際的銷售成交經驗，以及實際掌握買方的訊息後，小李很快就將經驗複製到他累積的屋主身上。他開始懂得不只是跟屋主分享市場訊息，告訴屋主市場不好要降價，而是先分析目前市場、可能買方的狀況，並且幫屋主擬出銷售策略，展現自己的專業能力來。

屋主看小李這麼努力，也實際了解掌握到買方的需求，一段時間後，房子再沒賣掉，開始主動降價。小李很是驚喜，這才發現，硬是要屋主降價，卻沒讓屋主看到實際的買方，感受到經紀人為了屋主的利益而努力，拜訪再多次，分析再多市場訊息，也沒有用。唯有實際站在屋主的利益思考、行動，讓屋主感受到經紀人跟他站在同一陣線上所做的努力，才能推動銷售。屋主才會因為認同、感動而行動。

小李掌握到「利他」的業務銷售訣竅，加上之前辛勤耕耘累積出來的客戶群，很快地，他就像搭直升機般，扶搖直上。

那一年，小李的業績，從九十萬元，爆衝到一千兩百萬元，這就是利他帶來的成交魔法。

第七章

聽懂、看懂，透澈理解豪宅客戶

豪宅客戶有自己的看法，主導性強，

就算要提供專業意見，也絕不要表現很內行的模樣，

而是要先觀察需要，再做配合。

14 從最貴的那間下手

我進仲介業的第一天就跟自己說，我要搞定台北最難纏的客戶、賣掉最難賣的房子，讓自己無可取代。但永慶房屋不但沒開發豪宅市場，連高檔的別墅、店面，都沒有經營。調到大直店的時候，看著整區河岸豪宅，不是剛蓋好，就是正在蓋，幾乎占該區一半的市場，我們卻一直在國宅跟一般住宅市場上打轉。我心裡想，在大直區如果沒有開拓出豪宅市場，簡直白來了，沒有打入主戰場，怎麼能說待過大直區呢？

在手上完全沒有豪宅資訊、資源的情況下，我決定往豪宅市場開發。

現在看我是仲介業知名的豪宅顧問，擁有許多豪宅客戶人脈，只要一有豪宅產品，很快就可以從人脈庫裡找到合適的買方，看似風光，但其實這些都是我從零開始，一步一步開拓、累積至今才有的。

為了打入大直豪宅市場，我一方面要旗下經紀人，以車輪戰方式上門拜訪豪宅管理員，從蒐集賣方資訊開始。另一方面，我得先累積出可能的買方名單，屆時，拿到豪宅託售權，才能很快把房子賣出去，建立「很會賣豪宅」的印象出來。否則，好不容易讓賣方答應委託，再重新去找買方，耗時三個月、半年的，不但賣方不高興，也會在市場上傳出「找他們賣豪宅沒有用」的名聲。

對我來說，拿到的第一個案件一定要成功，因為成功是最好的廣告招牌。

為了建立豪宅名單，我回到之前的服務區探詢，找了當地市場上丟出來最貴的別墅，天天拜訪屋主，讓他從拒絕到接受我，最後願意將別墅委託給我。雖然屋主同時還委託其他仲介，並沒有交給我專賣，但不打緊，我的目的不是要賣出這間別墅，我只是要拿到可以販售豪宅的入場券。

有了這張門票，我就可以開始接觸想買豪宅的買方，因為這間屋子是目前市場上最貴的，上門看房的，都是最有實力的買家，由此，我就能累積頂尖的豪宅客戶。

蒐集帶看，累積名單與需求

我在那不景氣的一年內，帶看了八十組頂級豪宅客戶，除了累積客戶名單，更重要的是，蒐集豪宅客戶在意什麼，需求是什麼？說話的主題是什麼？要如何服務？我開始建立自己的豪宅客戶資料庫。

我出身新竹鄉下，很清楚自己，沒有學歷也沒有背景的優勢，自認是命很賤的人，正因為如此，我願意做別人不願意做的「賤」事，像帶看工作就是。汗流浹背的辛苦還算輕鬆，最讓人感到疲累的是，帶看一次就得被客戶罵一次，忍受東挑西揀還得不停陪笑臉。很多人沒辦法忍受這些屈辱，我卻願意一直做。因為我有目的，我知道自己在忍受什麼，不停遭受拒絕，對我來說是有價值的。

底層粗重的工作，很少人願意長期持續的做，可是當我願意彎下腰來做，而且還能做二十次、三十次到八十次，那麼累積出來的經驗值，就沒有人可以超越我了。對我來說，失敗、受辱都不算什麼，重要的是，要把這些失敗，變成有意義、有價值的失敗，用來修正錯誤、蒐集資訊、累積經驗，成為將來成功的基石。

吃泡菜的時候，我就會想，大白菜若擺著不管會越放越爛，可是經過切、悶、醃，這些歷程，大白菜就會蛻變成美味且價值更高的東西。所以一定要趁年輕的時候，加緊學習歷練，年紀大了才能享受成功的果實。如果不在可塑性高，體力、學習力都在高點的時候磨練自己，等老了，就很難再有突破了。

有次演講會後，有個不到三十歲的業務帶著些許得意來問我：「我現在的工作很輕鬆，隨便就做到公司業績第一名，所以做久了也有些無聊，好像沒有什麼可以突破的了，該怎麼辦？」我馬上建議他：「現在就覺得沒有挑戰的話，不如趕緊換工作環境吧！」太早進入舒適圈，對職涯發展絕對不是好事。

我在開拓豪宅市場前，已經是公司的第一把交椅，不但擔任過好幾家分店店長，還升上區域經理，同時掌理好幾家店。我後來自願降調，回去當店長，同事、家人都很驚訝，為什麼我要自己降職？但我很清楚，太早進入舒適圈，對未來沒有幫助，仲介的戰場在商圈內、在房屋現場，我必須回到戰場，才能不斷提升自己的戰鬥經驗值。

「我只剩下體力、毅力與企圖心，這個不拗下去（賭一把）怎麼行？」我常常這樣提醒自己，所以每次帶看，我不會急著介紹，而是先觀察客戶的反應，了解客戶對哪裡比較有興趣，擔心的是什麼？也會演練幾套介紹法，測試看看怎麼開始介紹房子，才能引起客戶的注意。

同時，我會從客戶提到的訊息裡，趕緊回頭做功課。例如，當他們提到曾經去看過什麼樣的房子，哪個區塊是現在有興趣的地方，我就會立即回去做功課，了解那些房子的價值、風評跟特色，這個階段對我來說，重點不是賣房子，而是蒐集情報。

豪宅客戶的特色

面對客戶時，我必定拿著筆記本，詳細記錄客戶說的話，甚至連表情、音調、情緒都標記，因為從這裡可以了解，哪些話是客戶真正在意的點。另一方面，這種學習態度，也為我在客戶面前加分，因為許多豪宅客戶都是公司老闆，他們特別欣賞認真、實在的工作態度，往往會因為我謙虛的學習與積極的回應表現，對我印象深刻。

這八十組客戶的帶看經驗，是我在豪宅市場上累積的第一桶金，人脈、經驗、資訊庫都有，當時開拓得辛苦，現在回想，那一年的投資，非常值得。

我發現，豪宅客戶有幾項特色：

1 低調，再低調

真正有實力的買家，不會不停強調自己的財富、地位，反而不喜歡讓人知道他的口袋有多深，極度討厭人家刺探他，對他們來說，最害怕的就是一個不小心，會有關於自己或者親族的八卦在外面流傳，影響的除了顏面外，還可能牽涉到財產糾紛。

在我服務的客戶中，曾經碰過一位對自己各項資訊極度保密的客戶，三十多歲的林先生，拿著一間豪宅上門委託販售，他將房子產權、所有權狀攤開來，表明自己是受託處理這間房子，請我們「什麼都不要問」，也不要嘗試跟真正的屋主接觸，有關房子的各項疑惑與資訊，問他就好。

我心裡雖然好奇，但也察覺到屋主想要保持絕對低調的嚴重性，於是照著林先生的指示，什麼都沒問，依照正常的處理程序，帶看房子，同時確保所有權人的各項資料都沒有問題，就這樣，在完全不知道屋主背景的狀況下，將房子賣了出去。

林先生事後透露，房子是他爸爸的，登記在弟弟名下，隱情是，弟弟並沒有入他們家戶籍，所以很擔心處理這個房子的時候，一不小心，讓他們家的隱私洩漏，產生不必要的糾紛，整個過程才會如此保密。

林先生對我高度配合他們希望低調的表現非常感謝，不停地跟我說：「我爸爸很少稱讚人，但他對你的有為有守，專業、規矩，非常讚賞，以後有需要，一定會再找你幫忙。」

果真，在那間豪宅後，他接連委託我賣了三間市值都超過八千萬的房子。

2 講價值，不講價錢

很多人覺得頂級客很有錢，買東西一定不看價錢，這是大大的謬誤。就我接觸的豪宅客戶來說，他們的錢都是辛苦賺來的，所以很看重付出跟收穫，只要有價值，他們不在乎多付出，但沒有價值的東西，即使多一塊錢，他們都不會買單。所以要跟豪宅客戶交易，重要的不是告訴他們價錢是多少，而是要努力把價值呈現出來。

有個故事是這樣的，老和尚要小和尚抱一顆石頭到市場上，可是不管對方出多少錢都絕對不能賣。第一天小和尚到市場去，有個賣鹹菜的出價二十元，想買這顆石頭回去壓鹹菜，小和尚搖搖頭，回去了。第二天，依照老和尚的指示，換到博物館去，館方出價兩百元，想買這顆石頭放在館裡典藏，小和尚還是搖搖頭，又走了。

第三天，小和尚依指示，換到古物市場去拍賣，所有人都覺得這石頭來歷不凡，拍賣價兩千元。

這就是平台不同，價值就不同的道理，事物的本質沒有變，可是如果放對地方，懂得營造，就能創造出不同的價值來。

還有個故事是養鰻魚的客戶告訴我的。以前賣鰻魚到日本去，即便空運快速送達，死亡率都非常高，大概只有六到七成的鰻魚可以存活，鰻魚一死，就賣不出去了。剩下的六到七成活鰻魚的售價，就幾乎是成本邊緣，漁民非常頭痛。後來有次運送，不小心混了一條泥鰍進去，沒想到運到日本，幾乎所有的鰻魚都活得好好的。一研究才發現，原來是泥鰍不安分的在鰻魚裡面穿梭，讓鰻魚感受到威脅，於是專注在對付泥鰍，鰻魚死亡率因此大幅下滑。

在養殖期間泥鰍混在鰻魚裡，會讓鰻魚沒有食慾，而養不肥，卻沒想到，運送過程中，泥鰍因為跟鰻魚混在一起，而刺激了鰻魚的戰鬥指數，不只讓自己有了價值，相對也讓漁民的獲利提升了。

從這兩個故事，我學習到了，怎樣把本質不變的東西，創造出不同的價值來，才是銷售的真理。尤其是跟豪宅客戶打交道，如果只是不停著重在房子的價錢上，根本不會受他們青睞，該做的是活化產品，將產品放在適合的定位、平台上，彰顯出價值來，才能順利銷售出去。

豪宅委賣客戶最常提出的要求，不是一定要把房子賣到最高價，而是先要求買方的條件，包括工作、社經地位等，得符合他們的要求，其後才是談價格。對他們來說，賣房子，不只是賣房子，還牽涉到了人際關係、往來水平等，就是這個道理。

3 買房不一定要住

豪宅客戶絕對不是第一次買賣房屋，也不會是最後一次，對他們來說，買房已經不是滿足住的需求，而是有很多其他的目的，可是低調的他們不會直接把買房目的告訴房仲，刺探又會讓豪宅客戶感到隱私被侵犯，而起反感。

這時候就得有找出他們潛在需求的能力，從談話中理解，他們真正的目的是什麼。而這樣的能力，必須不斷地累積經驗值，才能從周邊的訊息歸納出來，找到他們買房的真正目的，才能進一步提供符合他們需求的物件。

例如，有個客戶上門說要找房子，只說了想要總價兩億元以下的房子，其他什麼都沒透露。有了八十組豪宅客的服務經驗，我知道這時絕對不能問他：你買來要做什麼？這樣看似簡單直接的問題，就會得罪豪宅客戶。我的處理方式是跟他聊天，從他抱怨稅率調漲，到購屋後希望放在公司名下等，從這些訊息就可以爬梳出他買房的目的在節稅。這時你介紹物件的方式，就跟一般居住需求，強調生活機能、周邊環境有所不同，而是要著重在資產配置與節稅規畫。

我的豪宅一哥地位，就是這麼慢慢累積出來的，第一年我什麼都不會，也沒賣掉任何一棟豪宅。沒關係，我知道自己這時候出拳軟弱無力，可是我知道練習的方法與方向，不停反覆練習，第二年開始與客戶互動的內容、深度與數量就變深、變多了，第三年機會一到，很快賣出第一間豪宅後，就接二連三成交，每一次出擊，都是強棒，很少有落空的時候。

法鼓山聖嚴法師常說一句勸人面對挫折的話：「面對它、接受它、處理它、放下它。」說得很有道理，但他是修行人，可以放下就好，我是業務，不能放下，還要加上「整理它」；把所有累積的經驗、挫折，回過頭來，整理、歸納，才會不斷有所成長，我豪宅服務的第一桶金就是這樣累積出來的。

15 豪宅客戶最在意的事

八十組豪宅客戶只是我踏入豪宅服務的起步，接下來，我逐步累積，服務過的豪宅客達數百人之譜，頂峰時期，一年可以成交八間價值超過兩億元的豪宅。紀錄不斷衝高，我的經驗值也不停往上堆疊，現在講到豪宅仲介第一把手，大家立即想到我，能夠讓這些富豪、名人對我信任甚至依賴，靠的就是我實地操作下，不停修正累積的豪宅服務祕笈。現在將我多年服務豪宅客戶的心法大公開，八大要點，做到了，就能讓豪宅客戶產生黏著力，甚至自願介紹客戶給你。

1 你的信用不能有缺口

有次受邀跟幾位大老闆一起打高爾夫球，其中一位同行受邀的賈先生突然不來了，只說：「我臨時有事。」大老闆當下都表示同意並體諒賈先生，沒有說什麼，可是一邊打球，一邊不免有人提起：「不知道是什麼事情？」、「哎呦，這人真是沒有信用。」從他們的談話裡，我發現，對於約會被突然放鴿子這件事，他們不見得不在意，不自覺間，在賈先生身上貼上了一個「沒有信用」的標籤。下次再打球，多數不會再約賈先生，或者賈先生主動邀約，大老闆的配合度也下滑。

對大老闆來說，賈先生的信用因此破了一個缺口，而且大家的時間都很珍貴，既然之前的邀約對賈先生來說，不是那麼重要，所以才會放大家鴿子，那麼之後的邀約，他們也就不會把賈先生的邀約放在第一順位了。

那次我發現，大老闆表面上不在意一兩次的失約、更改時間，可是他們心裡卻悄悄為對方蓋上「劣」字，這個形象一旦存在，要扭轉、挽回，就不太容易了。

我在處理買、賣房屋過程中也發現到，閒聊中，談到的服務，答應做到的要求，如果有一點沒有依約進行，這些豪宅客戶多數不會當場提醒、告知你，而是默默地從買賣交易中消失。

當想再找他們談房屋買賣時，他們開始有很多理由：「出國、工作忙，改天再說。」關係慢慢變淡，交易漸漸的不了了之。很多人以為是客戶臨時改變心意，但仔細推敲服務過程就會發現，豪宅客戶不會輕易做決定，一旦決定了又更改，那麼多半是服務過程出現不周到的地方。這些不周到往往來自於，約定好的服務沒有做到外，又沒有超越期待的驚喜收穫，他們開始對你產生「反覆不定」、「說話不算數」、「難以信任」、「可有可無」的感覺，而不想再接觸了。

服務客戶絕對要遵守約定，不管是不是豪宅客戶都一樣，不到最後關頭，不要輕易取消、更改。只要有一點欺騙、不在乎，豪宅客戶就會覺得不受尊重，一旦有了這個印象，多半接下來生意就再也談不下去了。

2 勤於拜訪不是美德

勤勞拜訪，不管是房仲還是其他業務，都是開發客戶的鐵律，但這點在面對豪宅客戶時，有時卻適得其反！

對豪宅客戶來說，他們的生活有很多規矩，在拜訪前最好先搞清楚，否則只是讓客戶感受到被打擾，越是勤加拜訪，越是惹人厭煩。

我遇過一位上市公司老闆，本來自己打電話給我，想委託我賣房，卻因為依照公司規定，我將這位老闆的資料登錄進公司資料庫，一位勤奮認真的同事看到了，在沒有告知我，也沒有事先跟這位老闆預約的狀況下，擅自登門拜訪。結果這位老闆當下雖然客氣接待他，事後立即表明不想再委託我賣房。沒多久，我聽到他的房子交給對手仲介公司賣掉的消息，顯然不只我，連我所屬的公司，都讓他感到無法託付。

還有不少頂級客戶，因為買賣房屋事宜，要我直接聯絡，於是留了私人號碼給我，可是再三強調：「我的電話只留給你，應該不會有別人打給我吧！」這次我學乖了，不再將這些客戶的電話號碼輸入公司資料庫，嚴守分際不讓他們被打擾，否則，只要公司有任何一個人打電話給他們，不管是什麼事情，我的信用就完了，會馬上失掉這些客戶。

面對豪宅客戶時，我採取的做法是，先摸清楚他們生活的規矩，什麼時間不能打擾，非必要，不要直接打電話給他們，而是先經過祕書、助理，跟他們約好撥電話的時間。如果對方身邊沒有協助處理行程的人，就先發簡訊給他們，詢問何時撥打電話方便，確定對方適合接電話的時機，再打電話過去，才不會打擾他們原本的生活。

上門拜訪，也是如此，就算為了爭取案件，在沒有提前告知的情況下，不要到豪宅客戶的住家等他們，請求見上一面談談，更不要隨便登門拜訪堵人。必須先經過沙盤推演，先預設對方的生活，設想在什麼狀況下，他們比較樂意談話，在什麼樣的狀況下，最好不要上門打擾等等，才比較容易達到目的。

有次，我為了爭取一間豪宅託售，因為屋主始終不願意接我電話，我只好上門拜訪。我知道屋主是位企業老闆，平常生活忙碌，不管白天還是晚上，都不是適合拜訪的時間，於是我挑了星期天一大早，六點多就坐在他家門口的公園等候，等到七點多看到夫婦一起出門，兩人衣著輕便，看樣子是要去運動，順便吃點早餐。我估計這時候上前，也會耽誤他們的休閒活動，於是耐著性子，再等到九點多，夫妻倆散步回來，才上前說出來意。

兩人看我誠意十足，加上運動結束，心情放鬆，也沒有急迫要處理的公事，便請我上樓談談。

一般業務常犯的錯誤就是沒有留意到「尊重對方時間」這一點，有時還會覺得不能完全順著客戶的意思走，對方不接電話，就打到他接電話為止；避不見面，就在門口堵他，看到人立即迎上去，「見面三分情」，讓客戶感覺不好意思，自然就有了切入點，這才顯示出業務的企圖心，展現出自己對這個工作的努力。

對一般客戶，這樣的做法可以行得通，可是當轉到豪宅客戶，只會被認為魯莽、沒家教，更甚者，對方感到不被尊重、沒有安全感，連帶認為你所代表的產品、公司、買方素質，都不會有品質。

跟客戶聯繫，是拿到門票的第一步，在我的經驗裡，給豪宅客戶「好的印象」很重要，大概占關鍵因素的八、九成，剩下的一成，才是看專業度。所以留下好印象，是服務豪宅客戶最重要的一環，絕對要謹慎行事。

3 抓到他的「對！我就是要這個」

對豪宅客戶而言，專業只是必要條件，不是充分條件，想要吸引他們的目光，就得讓他們留下深刻印象。一般業務在服務豪宅客戶時常犯的錯誤就是「講太多」，為了展現自己的專業、長處，不停地介紹，說個沒完，費盡心思表現出最好的一面，卻不知道，這在豪宅客戶心中反而大大扣分。

就我多年實務上的觀察，跟豪宅客戶互動，專心、用心的聽比講還要重要。豪宅客戶願意給你機會讓你介紹，就是已經肯定你的專業，不需要你再三強調，否則會給人一種想把主導權握在手上的感覺，對於提供專業的服務沒有幫助。

豪宅客戶在意的是有沒有專屬、貼心的安排？提供的服務是不是正中下懷？就連沒有要求的都能留意到？如果能做到這些，才能讓豪宅客戶感到滿意。

五星級飯店裡的專屬管家，就是這樣的服務概念，你不會看到專業的貼身管家，沒事一直在客戶面前說個不停，而是站在旁邊，讓客戶感覺不到他們的存在，可是當客戶一有需要，馬上上前提供服務。客戶需要水，還沒說出口，就倒上茶水，客戶需要點餐，只是伸個手就遞上菜單。要提供這樣貼心的服務，祕訣就在於觀察跟傾聽，若只顧著說話，就無法體察客戶的真實需要了。

怎樣才算傾聽？說來容易，實際實踐起來，也是需要多方磨練，在互動裡注重許多細節，有時也刻意展現出自己專注理解客戶的模樣，才能在互動中，為自己加上專業分數。

我的做法是，切實地認真地聽，而不只是眼睛盯著對方看。

很多人以為，專心聽對方說話，就是看著對方的眼睛，表示自己的專注，這在一般聊天說話可以，但要服務豪宅客戶，就不能這樣做。因為這裡的聽必須是真正的聽進去，所以我不會傻傻盯著客戶看，我的記憶力沒那麼好，我相信一般人也是如此。人家講過的話，我不可能聽一遍就完全記得，何況話裡通常暗藏了許多該留意的細節，更不可能在一次傾聽裡就完全分析處理完畢，如果要對方再說一次，就顯得自己心不在焉，丟三落四，會讓客戶不放心將事情交給你。

最好的方法是，隨時準備一本筆記本，把客戶說的話、在乎的東西，甚至情緒、語調都一一記錄下來，而且記得「不要插話」。就算客戶岔開話題，從房子講到婆婆不好、媳婦不孝、孩子不乖、老公外遇，都要耐心仔細聆聽，因為重要的訊息，可能就在這些抱怨裡。

千萬不能打斷客戶談話，一定要等到客戶說完幾點，停下來，累了喝口水，這時才是說話的時機點。

表面上看起來，是客戶在抱怨婆婆，但會在買房子時提出來，就表示，她希望買了房子，讓婆婆感受到媳婦的孝順體貼，能夠因此改善婆媳關係。父母口頭上不停責怪孩子不學好，在學校交了一堆壞朋友，看起來好像跟買房子沒有關係，其實，仔細分析就可以發現，客戶希望藉著買房子搬家，讓孩子換個學區、學校，脫離那些壞朋友，重新開始交友圈。這些都是客戶的重要資訊。

高明的業務、仲介，要學會怎麼樣從這些看似天馬行空的談話裡，找到客戶的問題，和潛藏在背後沒有講出來的需求。

等到客戶談話告一段落，喝口水的時候，可以趁機就筆記內容列出的要點，跟客戶確認：「所以你剛剛談到的那個，第一點，這樣做法好不好？第二點是不是這個意思？第三點我可能還得回去求證規畫，再來跟你報告……。」

這幾句話，看似簡單，但站在客戶的觀點思考，你傳達了服務訊息在裡面。客戶可以知道：我說的你都記得很清楚，而且聽到問題，態度也非常謙虛、誠懇，不會隨便答應。這時候，不刻意強調自己的專業，反而是顯露出不完美的印象，對豪宅客戶來說，反而是正面的。從這裡他們可以感受到，你是實在的；等客戶表達所有想法後，你再顯示專業：包括市場狀況、買方資訊等，用意在於讓客戶知道：「你剛剛講的都是你的事情，可是你不知道我的優點長處，現在我來讓你了解，我能夠針對你的需求，提供給你怎樣的服務。」這時開始談論，才有加分的效果，讓客戶明白，你所談論的，不是在展現自己，而是針對他們的需要，提出相對應的專業。

同時要記得，客戶說不清楚的地方，要提出來跟他確認，千萬不要自以為了解客戶，擅自決定。

經過反覆的傾聽、理解，我已經發覺客戶潛在需求，所以常常說到後來，客戶一聽馬上說：「對啦！我就是要這個，我說兩句，你就知道我要什麼！」這時，我知道，我已經讓客戶產生信賴與依賴了，但是光確認不行，還得採取相對應的行動，滿足客戶的需求，才能讓客戶從依賴，到有黏著度，成為非你不可的忠實客戶。

菜鳥業務會傾聽、執行也會做得很好，可是常淪於「客戶說什麼，才做什麼」的狀態。對豪宅客戶來說，這樣無法給出信任，他們要的是知道你真的理解他們的需求，同時具有詳細的規畫與策略，才會對你的辦事能力感到放心。

所以面對豪宅客戶時，傾聽，一點也不容易，得聽得仔細、認真，還要聽出弦外之音，重點是，聽的時候，不要任意插嘴、決定，卻又要具備判斷力，找出真正的問題點來。

4 大家一起扮神祕

蒐集客戶資訊是業務工作的第一步，可是對豪宅客戶來說，前面已經提到，他們行事多半低調，不喜歡被探詢隱私，問他們私人資訊就是一大禁忌。

在北區時，我旗下有個菜鳥經紀人要賣一棟豪宅，經紀人想著要多了解客戶，就不停詢問上門看房的王伯伯：「你幫親戚看還是自己看？現在住哪？是做什麼的？」

一連串探詢客戶資訊的問題講出口，關係當場就崩了，王伯伯再也沒跟他聯絡，不接電話、不回簡訊，就此斷了訊息。經紀人跟我回報還說：「這個客戶怪怪的。」交易就這樣不了了之。

客戶不會沒事上門看房好玩，看了不聯絡，到底是經紀人有問題，還是客戶有問題？多數是經紀人、業務無意間得罪了客戶，反而覺得是客戶難搞。你若這樣想，就沒有改進空間，永遠服務不到豪宅客戶了。也不是每個豪宅客戶臉上會寫著「我是豪宅客戶」，他們也會看一、兩千萬元的物件。

就這個例子來說，第一句：「你幫親戚看，還是自己？」就是個嚴重錯誤，客戶聽來的意思是：「你自己買不起吧！」問題裡夾帶著對客戶財力的判斷，馬上得罪客戶，接下來的「住哪？」「做什麼？」這些對一般客戶來說，可能是基本問題，但對豪宅客戶來說，卻是不能踩踏的禁忌。

一般業務員常犯的錯誤就在這裡，第一次碰面，就裝親切地不停探詢：「在哪裡上班？家裡有什麼人？結婚沒？」這些問題只是凸顯業務的冒昧，不停挖人隱私，讓客戶對你有戒心而已。

因為客戶覺得你不過想知道他買不買得起，或者更怕你認為他很有錢，趁機抬高價格，這些動作都會讓客戶覺得，你不是在服務他們，只是想刺探訊息。客戶不會有被服務的感覺，也就無助客戶增加信任感。

不能問，如何了解客戶，進而幫客戶做到貼心的服務呢？

我的做法是，從細節去觀察蒐集必要的資訊，不要主動詢問。

多年前，一樣是在北區時，有間透天的房子，開價兩千多萬元，因為靠近偏僻處，前不著村、後不著店的地理位置，賣了兩年多還賣不掉。經紀人說：「這間房子，一下××賣，一下我們賣，就是賣不掉。」經紀人攤手嘆息：「只能等有緣人了！」

問題是等了兩年，連個影子都沒看到，再放下去，就跟仕女一般，年紀大了就會越來越難銷出去。

我去看現場，果真跟女孩子一樣，一直穿同一套衣服，待在同一個地方，當然很難引起注意，至少得重新打扮。賣方想必也很著急，對經紀人難道沒有期待？經紀人一定要做些不一樣的，讓這個房子重新出場，才能重新獲得青睞。既然房子搬不動，重新裝潢也太耗費資源，最簡便煥然一新的方式，就是打掃乾淨後，把銷售的帆布拆下來。

我要求經紀人三天不准掛帆布，等到第四天一早八點再去掛，上面寫上「大降價」，不必載明價錢。一天半後的中午再拿下來，如果還是沒有消息，就再等三天，再把帆布重新掛上去，如此反覆操作。

第五天電話就響起：「請問，這間房子賣掉了嗎？」

果然，如我預期，稍微動一下，買方就出現了。我們告訴他，這房子正在談，價錢談多少不曉得，這是同事的客戶，我們不太清楚。對方再問：「那我們可以看嗎？」我們告訴他，沒賣掉前，當然都可以看。

這是一種釣魚策略，釣過魚的人都知道，長時間魚不吃餌，就得把餌動一下，才會有魚兒上鉤。

到了現場，我才知道，這位買方很早就注意這間房子，一直沒出手是因為覺得價錢太高，想等降價再買，可是牌子一直掛著，也不曉得狀況如何，就一直拖下來。一直到屋子清理、牌子拆掉，他才驚覺到是不是被賣掉了？所以趕緊上門探詢。

這樣思索再三的客戶，顯然個性謹慎。那天早上，到了現場，我帶著他東看西看，甚至連只有逃生梯的頂樓，他都跟著爬上去看了，表現出對這房子高度的興趣，這時我就知道，這位一定就是這房子的買家，只要他出價，一定要讓他買到。

他穿著球鞋、運動衣，一副剛登山完的模樣，可是皮膚白皙，氣質斯文，我猜他是醫生。除了外表外，這裡跟附近大醫院有地緣關係，加上這獨棟房子很適合當診所，他應該就是附近的醫生。

他看完房子回去後，還刻意走反方向回家，幾個小時後就打電話來：「這房子很合我用，接下來應該做什麼？」我約他正式碰面，詳細分析市場，並且告訴他們這物件缺點大於優點，才會賣這麼久。然後我慎重地建議對方給出低於開價購買價格，我會盡力幫忙他們買到。對方很是開心，覺得我站在他的立場幫他設想，於是問我：「那有什麼我應該配合的？」我請他們付斡旋金，他也馬上領給我了。

很快地，不到一個星期，在屋主認同我們的做法，也認清市場市況下，這間延宕了兩年的房子，就這樣順利售出。

交易過程中，買家表明不希望跟屋主碰面，全權委託交給我處理，我更清楚知道，他不希望被人家知道自己的身分，也就沒有多加詢問。

能這麼順利獲得買方的委託，一路談成交易，就在於我清楚知道，買方並不想被人探詢私人資訊。買得起這種房子的人，財力上不會有問題，上門是希望你能服務他，達到想要的目的，不是來被身家調查的。

想要探查訊息，但不能問，就得側面了解、被動獲得，對方願意透露什麼，就接收什麼，不是傻傻地一直問。

以這個案件的買方來說，他穿著輕便、樸素前來，介紹時也沒有主動說出職業。約看房時，也不是直接在現場等，而是約在隔壁幾間房子的門口，會合後再一起走過來，看完房後走反方向馬上離開。

這些動作透露幾點訊息：他顯然不想讓人家知道他真正的財力狀況，這時候，就得幫客戶，滿足他希望低調的要求。再來，他刻意先約在隔壁幾間房子處，顯然對當地很熟悉，應該就是附近住戶，而且不想讓屋主查知他真正的身分，那麼在跟屋主談時，就要幫買方保密。

所以我乾脆完全不聞不問，以免買方以為我會告訴屋主，站在屋主那一方，對我產生疑慮。所以當我一點也沒問，甚至連試探都沒有時，買方反而卸下心防，對我產生了信任，感受到我的體貼，以及不會因為身分不同，而有不同的買賣處理，願意將買屋的全責委託給我。成交後，這位買方主動告知我他的身分背景，也謝謝我沒有詢問他的背景，這一點讓他很放心。

不問，不代表不需要知道，而是面對客戶得改採被動方式，客戶想講就聽，不想講，就從周邊訊息去判斷。一般來說，不同職業的人會有不同的表現。

依我多年經驗發現，大多數醫生通常戴個眼鏡、長相斯文，皮膚白淨；做生意的企業老闆行事、說話都很果斷，有股霸氣；老師大部分自認擅長說話、溝通，言談間也會不經意流露教訓人的口氣；公務員則中規中矩，行事謹慎，多數比較沉默些。

除了觀察外，也可以從聊天中獲得訊息，但千萬不要用套話、試探的方式，而是很自然地跟對方攀談。我常用的方法是，先把自己暴露給對方，讓對方覺得你很坦白、好相處，藉此取得認同後，慢慢地對方就會敞開心防跟你聊起來，再從談話間去蒐集、判斷資訊。

有次有個媽媽上門看房子，一般人買新房，大多會帶著興奮、期待的神色，但她卻滿臉愁容。我先把自己的經驗跟她分享，談論買房子、付貸款的壓力，很快地，就把她的話匣子給打開了。

她開始跟我說，以前媳婦、兒子都不回家，現在一說要幫他們買房子，就每個星期都回來吃飯，這種兒媳，怎麼辦啊？我提醒她：現在還沒有孫子吧？要是以後妳想看孫子，媳婦不帶回來怎麼辦？

這位媽媽一聽更是擔心，開始大吐苦水。但我不是要擴大她的擔心，只是想讓她多談論一些自己的狀況，由此了解她的需求，同時也讓她知道，我了解她的困擾，跟她站在同一陣線上，願意傾聽她、幫她解決。對話裡，這位媽媽開始對我產生信任，接下來，自然而然就願意讓我知道許多資訊，跟我分享了。

16 用對方的遊戲規則玩

5 讓他感覺自己是老大

豪宅客戶跟一般客戶最大不同，就是對於消費有自己的看法，主導性強，仲介、業務就是從旁服務而已，這與一般客戶得提供專業諮詢、建議跟協助，有很大的不同。所以就算要提供豪宅客戶專業意見，也絕不要表現出自己很行、很懂的模樣，而是先觀察需要，再做配合。

每位豪宅客戶又有不同的習慣與規矩，我的建議是，先摸清楚他們的遊戲規則，再配合他們的規則去玩，讓客戶感覺是他們決定，我們服務，過程是由他們主導帶領著我們去做。這樣客戶就不用花時間來適應你、了解你，在過程中還會有一番戒備拉扯，而在你的服務配合下，慢慢地卸下心防，交易過程才會順暢。

回過頭來談那位被菜鳥經紀人問「幫親戚看，還是自己？」而得罪的王伯伯。我了解之後發現，對方財力雄厚，我不想就此失掉一位有實力的客戶，因此決定親自出馬，用「配合」的態度，跟王伯伯接觸，順利救回一樁本來已經砸鍋的生意。

我先傳一通簡訊給王伯伯，之所以不撥電話，是因為電話太過打擾，又變成是我在主導，反而引起對方不悅。簡訊則是發出訊息，回不回訊息，由對方決定，將主動權丟給對方，讓對方決定要不要繼續跟我聯繫。此時等待是痛苦卻又必要的步驟，若做得到位，則如反掌折枝，沒做到位，則千難萬難。

在簡訊裡，我跟王伯伯說，很高興能有機會為他服務，同時為上一位經紀人的得罪道歉，再跟他介紹一下這個房子、地區的優點跟特色，最後說明，如果覺得這些訊息有用，有什麼想法，歡迎跟我說。我們是賣方的經紀人，只要王伯伯有任何問題，希望我們怎麼做，我們都願意協助完成，一切以滿足王伯伯的需求為主，給我們一個補救的機會。

簡訊要傳遞的訊息就是，先道歉示弱，然後將主導權還回去，讓客戶知道，所有的決定、掌控權都在他手上，我們只是配合、服務而已。

好幾天過去，都沒有回音，可是我不介意，第一步對我來說，只是在鋪陳情境而已，還需要一段時間的發酵。

過了幾天，我再發一通簡訊給王伯伯，告訴他兩天後，我剛好要到託售物件所在的大樓辦事情，如果他願意跟我碰個面，我們可以好好討論，這個房子進一步要怎麼處理，同時了解一下王伯伯的期待。

這次王伯伯有回應了，答應我兩天後下午兩點碰面。果真如我預期，他不滿的是經紀人的服務方式，不是對房子有什麼意見，只要調整服務方式，將遊戲規則的主控權交還到他手上，就能啟動交易。

見面後，他開始談起具體的要求，包括價錢能不能再低一點，不需要室內配件能不能退等。我始終保持的態度就是配合服務，告訴對方：我會幫你了解、我們會盡力協調等。即使我已經知道屋主的底價，也跟屋主討論過室內配件的問題，但我選擇不在現場第一時間說出答案。因為不經思索的回答，對他們來說，反而是扣分，會覺得我沒有謹慎處理他的問題，不會相信我們快速直覺式的反應。所以我當場記錄他的想法需求，事後再回報給他，一方面可以獲得謹慎辦事的印象，另一方面，也增加事後彼此互動的機會，能因此建立起更大的信任感。

對於這些問題，我們再約一次時間碰面，這次我準備了平面圖跟其他的相關數據讓他參考，看完後，他很是滿意，開始問：這家建商的房子蓋得如何？風評如何？

謹慎起見，我也不當場回答，或者代建商提出保證，而是回去幫他跟建商約時間碰面，讓建商直接向他說明。這樣做除了表現出我們謹慎的服務外，也藉此拉長互動時間，以建立更多的信賴，幫他獲得並解決所有跟這個房子有關的疑惑。另一方面，也讓他知道，我們的服務是透明公開的，不會想從中壟斷並只給予片面的資訊，藉此圖利。

等一切疑惑解決，服務滿意了，王伯伯對我們，從討厭到慢慢建立信任，接下來進入最關鍵的議價，就順利多了。我已經從王伯伯的行事作風裡發現，他很習慣發號施令，而且不輕易對人產生信任依賴，所以，我直接建議：「價錢部分，就由我約屋主出來，您直接跟他談吧！中間有什麼需要協調的，再交代我們服務。」

王伯伯一聽喜出望外，開心同意，沒有想到我們會看穿他的心思與需求，對我們的服務，又放心了一層。一般仲介很少這樣處理，大多不想讓買、賣雙方碰面，但我的想法不同，我要賺取的不是資訊不對等的錢，而是專業服務的佣金，所以最重要的是取得客戶的委託跟信任，而不是東防範西戒備，跟客戶站在對立面。對我來說，專業服務不好或者客戶一感受到欺騙，就會馬上轉頭離開，什麼業績都沒有了，防範又有什麼用呢？反而開大門走大路，順暢多了。

屋主一見到我帶著王伯伯，馬上說：「葉協理，自己服務喔！先生，你交給他就對了，我很怕他，他很會幫買方講價錢哩。」沒想到屋主還在買方面前幫我加分，很快地，在買、賣雙方都對我信任的前提下，交易在當天就順利談成了，當場簽約成交。

這間豪宅以高價成交，我的佣金收入有八百多萬元。從服務過程看似我配合、被動，讓客戶主導，但對整個交易進程，我還是有所掌控。我一邊跟客戶互動，一邊觀察客戶的需求、想法，從這裡去推算出時機跟策略，再把球丟出去，讓客戶決定、思考，而我從頭到尾就是展現出配合的態度，讓客戶感受到被尊重與掌握主控權，仲介只是在隨時提供滿足他需要的服務而已，才能順暢快速地成交。

6 不要在第一時間回答複雜問題

一般簡單的問題，必須快速地在第一時間回答，可是當客戶問到相對複雜，比較有深度的問題時，即使知道答案，也不要馬上回答，否則只會留下敷衍、隨便的負面印象，無益爭取客戶信任。

服務豪宅客戶尤其如此，高端客戶除了具備經濟實力外，還有個特點就是社會經歷豐富，見識過的場面、人，比一般人多，所以要取得他們的認同跟託付，得慢慢來，逐步展現自己的誠意跟專業。

剛開始接觸豪宅客戶時，我很想快速取得客戶信賴，所以在接待客戶前，都會很認真蒐集研究相關資訊。等到面對客戶時，客戶丟出什麼問題，我就立即接招，有問必答，任何跟房產相關的問題，我簡直是人體Google，隨便輸入一個關鍵字，立即就能跑出答案來。

這樣認真專業的表現，一定能贏得客戶的讚許跟認同吧？我發現，完全不是這麼回事，客戶反而大幅降低對我的信賴感。

仔細檢討後發現，太快回答專業問題，客戶反而懷疑大於相信，因為許多問題，客戶知道不是這麼容易解答，但我卻可以很快告訴他們答案，把服務客戶、解答客戶疑惑當成了考試戰場，想要藉此展現自己的專業。可是對客戶來說，他們需要的是對他們的疑惑謹慎以待、用心思考，我不假思索地回答，只會讓客戶感受到草率行事罷了。

對客戶來說，正確是必要的答案，但除了正確外，還要展現細緻、深度的、有價值的服務內容，他們才會買單。

所以我開始改變做法，面對一般性的問題，一般的客戶，我會快速給出答案，展現自己在房地產上的專業，例如：房價趨勢、周邊環境、房地稅率調整這些資訊，得即時迅速的提供。

當客戶問到像切割分租的幾十家店面，租約到期日、租金給付狀況；某個區域值不值得投資，在現行稅制下，買房怎麼處理才能節稅等。這些都是客戶針對自己的特定狀況提出的疑惑，快速回答，除了讓客戶感覺草率外，我自己仔細思考也會發現，的確這類問題，多數需要好好了解、分析，搶在第一時間回答，總有不完整、深入的地方。如果沒有提出正確詳細的回答，就會讓客戶留下負面印象，影響進一步的託付決定。

與其快速但是不完整、全面、專業的回應，我選擇謙虛以對，坦白跟客戶說：「這部分的問題複雜度很高，讓我回去整理清楚後，再給你一份書面報告，這樣比較清楚。」

但要留意，我只是「不在第一時間回答」，但要給豪宅客戶的答覆，也不能拖延太久，最好控制在一天之內就將「答案」送到對方手上，以展現自己對客戶問題的高度關注，和整合情報、資訊的專業能力。經過這樣調整後，客戶對於報告裡的建議接受度，也會大幅提高，接下來，也就願意委託處理房屋的買賣任務。

7 絕對禁止說：要買要快喔！

坐在店裡，經紀人小張很是緊張，猛打電話，他不停提醒客戶：「真的啦，這麼好的房子，難得丟出來賣，不要錯過。很多人在看，你要趕快下決定，不然很快就賣掉了。」

小張費盡口舌催促客戶，但最後我看小張一臉頹喪地掛上電話：「這客人很怪，明明花了半年才找到這間滿意的房子，我好心提醒很多人在搶，怕他沒買到，結果他說，沒買到就是沒緣分，沒關係。」

問題真的在客戶身上嗎？

我另外請小王打電話過去，換個方式跟客戶溝通：「鄭小姐，這房子妳看過，覺得滿意嗎？既然妳半年來都沒有看過比這間還要適合的房子，再加上這間房子現在很多人在看，我們是不是來討論看看，該怎麼樣有效率又便宜買到？要是妳真的想買，我來請教一下店長，看怎麼樣能幫妳排除其他客人，讓妳優先談，免得在有很多競爭者的狀況下，房價被抬高了。」

掛上電話後，小王回報：「鄭小姐說她是真的喜歡這間房子，只是她不想跟小張談……。」

小張所做的「催促成交」其實就是經紀人常犯的自認為正確的錯誤，不只豪宅客戶，許多一般客戶也很不喜歡不停被push，會有種被牽著鼻子走、被強迫的不快感。一旦客戶有這樣的感覺，自然無法信賴認同，越是催促，想要推動案件快速成交，只會把客戶越推越遠。

就像掉到水裡的球一般，調皮的孩子一直在岸邊努力把水滑進來，球不但沒有往小孩方向靠，還越跑越遠，為什麼？因為手一滑，水看起來是往這邊流，但其實，水底下的水波，卻是不停地將球往外推，所以越是努力滑動，球就離得越遠。

業務推動也是這樣，當急著想成交，努力地想要鼓勵客戶快速成交時，客戶心底反而起了反感，覺得業務只想要趕快達到自己的業績，並沒有真的想要為客戶爭取更有利條件、價錢，所以越是努力push，客戶就跑得越遠。

但真的不能提醒客戶嗎？

當然可以，只是催促成交這件事，不是不停威脅客戶：「你要買要快喔！別人買走就沒辦法嘍！」、「你越等價格會越高喔！」這類話語，就算是真的，也只會引起客戶反感，沒有人喜歡被威脅。

所以小王換手，得換一個方式，是真正站在客戶立場設想。在很多人搶著要買這間房子的時候，客戶想要的服務會是什麼？第一是想比別人快下手、第二是價錢不要被抬高。所以這時，得跟客戶站在同一陣線，釋出會努力協助客戶達到他期望的建議，並且把決定權還給客戶，讓客戶自己下判斷。

尤其是豪宅客戶，絕對不能急，也不能幫他下決定，而是要先提出建議，給客戶時間去思考回應，等到客戶釋放出希望成交的訊息後，再順勢提出成交的做法。這樣才不會做越多、說越多，客戶卻離得越遠。

8 吃虧就是占便宜

「葉顧問，有個朋友推薦我買敦化南路上的一間店面，開價兩億元，你覺得怎麼樣，可以買嗎？」、「士林科學園區的土地，有沒有買的價值？」、「現在房地稅的問題，你看怎麼處理比較好？」

即使已經離開第一線房仲工作，我還是經常接到這類詢問電話，對我來說，這是被欣賞、信任與依賴的肯定，我不只會耐心回答，有些必須仔細評估的問題，我還會再去請教專業人士，盡量在一天內完成評估分析的報告，跟客戶約好時間，當面簡報。要是客戶只是想要電話諮詢也可以，我還是會將報告寄給他們，請他們聽完我的分析後，還是看一下報告。

旗下的經紀人常問我：「又沒有說要交給你買賣，幹麼這麼費心？」

的確，多數詢問，都不會立即看到委託案，甚至有些還是拿委託別人處理的案件來問我，但我不會介意，還是盡心回答。對我來說，這是難得的在客戶面前展現自己專業、用心的時候，千萬不能放過，這一次服務讓客戶感到滿意，下次機會就上門了，這些都是爭取客戶信賴的絕佳機會，尤其是豪宅客戶。

在首席房產營業單位的時候，有位楊老闆拿了一間價值好幾億元的辦公室委託我們賣，結果搞半天，那間辦公室根本不是他的，而是人在美國的甄姓屋主的。甄姓屋主欠了楊老闆若干錢沒還，人又在美國遲遲不回來，楊老闆就拿了他的房子，委託我們賣，希望我們賣出的款項，能夠撥出錢還給他。

一聯絡屋主，屋主根本不承認這筆欠款，但答應委託我們處理房子，卻根本不想理睬楊老闆，要我們不理他，儘管賣房子就是。可是我想了想，一方面楊老闆需要這筆錢，另外一方面，我們的確是透過楊老闆才取得這間房子的代理銷售權。於是我幫楊老闆跟公司建議，是不是賣房後的仲介費，能夠撥出屋主對楊老闆的欠款，還給楊老闆，就當作是我們賣房子的成本？公司考量到楊老闆協助取得屋主授權，我們跟屋主議價時，他也盡力頗多，最後公司同意了我的請求。

看起來這是個多餘的動作跟服務，讓公司跟自己都吃虧了，可是之後，楊老闆了解我的售屋能力，便將名下兩間位於大安區的高價房子，委託給我銷售，並且順利成交。看似吃虧的協議，卻賺回更多的機會。

這些就是我從實務經驗上累積出來的豪宅客戶服務法則，我邊接觸邊觀察，碰上難處理、突然改變心意的客戶，其他經紀人會抱怨客戶奇怪、麻煩，可是我從來不這麼想。反過來，我會思考，為什麼客戶會這樣說？為什麼客戶會突然改變心意？到底是客戶的錯，還是我的錯？

我把錯誤歸咎於自己，再從這些錯誤裡思考出解決、改善之道。就這樣一步一步，讓這些修正過後的錯誤以及解決問題的能力，引領著我不斷進階，讓我從一般客戶，一路服務到豪宅客戶，再讓這些豪宅客戶成為我的長期客戶，我也才能成為首席的豪宅顧問。

生命之章

窮小子翻身記

我不停地在各個商圈轉來轉去，

學習跟低潮相處，鍛鍊解決問題的能力，

問題多、狀況頻繁，就是絕佳的練功機會。

17 進職場學會跟失敗、低潮相處

在北區店服務的時候，有天下午來了一位大哥，跟經紀人小黃像家人一般親切打招呼，兩人開心說說笑笑，然後他就離開了。我覺得很好奇，小黃跟客戶的關係這麼好，怎麼業績還是不好，於是上前詢問。

小黃告訴我：「這位客人喔，帶看七年了啦，對我很信任，關係就像兄弟。可是房子看了七年都沒買。」我很驚訝：「怎麼會這樣？」小黃聳聳肩，不置可否：「就個性猶豫不決嘛，我有什麼辦法？」

我請小黃把這位大哥的服務紀錄資料拿給我看，發現對方是個不得了的人物，他的太太也是很有成就的人，王大姐和先生兩人在社會上都屬於有地位、有財力的族群。

我問小黃：「他們夫妻倆應該工作很忙，怎麼會沒事來看了七年的房子都不買？難道他們是看爽的，把看房子當成休閒活動嗎？」

七年沒出手的客戶，被我打動了

小黃急著反駁：「可是兩個人都很有主見，很強勢，遲遲不決定，我也沒辦法啊！」我提醒小黃：「這兩個人上門看房，就是對買房投資很有興趣，但是他們沒有時間蒐集資訊、評估進場時機，所以才上門來找你，就是希望你能以專業來幫忙他們。可是你都沒有提出建議跟分析，只是不斷帶看，你這樣是害客戶，讓人家從每坪二十五萬元，一路錯失，現在每坪三、四十萬元了，客戶損失有多少？」

被我說得啞口無言，小黃要我教教他該怎麼處理，我挑了一間很有價值的豪宅，請小黃約大哥夫婦來看房。看完後，我邀大哥夫婦到店裡坐坐，請他們給我一個小時的時間，我會提出完整的資訊，讓他們參考。

兩人到店裡後，我攤開地圖，從這個區域的過去、現在講到未來發展，然後再仔細分析未來趨勢，包括：我們店面所在的區域跟豪宅所在位置不同，店鋪所在的北區買方客源幾乎都是本地人為主，外來人口少，可是豪宅所在地是新興計畫區，買方幾乎都是外來人口。數據顯示，天母、信義計畫區、大安、中山區的客戶各占四分之一。現在的開發不到一半，還有很大的潛力，目前該區工作人口約十萬，未來可能增長到二十萬，從需求到供給面看來，房價增值潛力無限。

除非大哥夫妻覺得台灣沒有明天，否則，目前區內登記有三千多家公司，就有三千位董事長、三千個總經理，再加上未來會再開發的一半土地，大概就各有六千人。目前該區剩下的空地有多少？看來不夠消化這些可能遷入的人口，雖然現在房價已經比七年前上漲一倍，但將來應該還會持續上漲。

大哥夫婦聽了我分析，決定去吃個午餐討論一下，兩點半再回來找我。當天兩點半，兩人果真回來：「那，我們就買了，接下來怎麼做，就聽你的。」我建議以一個價格入手，當天晚上，就簽約成交。

帶看了七年遲遲沒有收穫的小黃，立即有了空前的佣金收入。

同樣的客人、同樣的環境條件，為什麼在小黃身上是零，到了我這裡，馬上從零跳到幾百萬？而我學歷、身家背景，都沒有比小黃好，可是能力比小黃強的原因，就是我的條件比別人差。

從小生活困苦，養成堅忍個性

旗下的經紀人跟同業都覺得我有魔法，稱我為魔術師，可是這些看起來神奇的案件，其實是我一步步開拓、努力累積來的。我沒有高學歷，只有亞東工專畢業，家境也不好，踏入社會的時候，我已經先服了四年的志願役，二十六、七歲的年紀，已比一般社會新鮮人老，可是我沒有被這些負面條件打敗，反而把這些輸家的條件，當成我的一手好牌，努力打出自己的天下。

正因為我知道自己的缺乏，所以不介意做比別人低賤的工作。很多人會埋怨、哀怨「我怎麼這麼衰」「我爸要是有錢的話，我就不會這樣了。」這些話我想都沒想過，我不會為失敗找理由，也從來沒想著埋怨。

由低處往上爬的過程中，我深深體會到，要成功很簡單，就是要學會跟失敗、低潮相處。我比別人更勝一籌的關鍵，就是我比的不是誰比較會成功，而是比在低潮、不如意的時候，我怎麼駕馭自己的情緒，讓自己還能每天按部就班做自己該做的事，不停為成功找方法、做準備。

能擁有堅忍的個性，還真要感謝我困苦的成長環境。從小爸爸就常不在家，我一直以為爸爸在外頭工作忙，一、兩個月才能看到爸爸一面，到後來，甚至半年、一年，才見得到爸爸。

有陣子，媽媽常常躲在家裡哭，不太想出門，因為一踏出家門，就得面臨鄰居鄉親的指指點點，我這才隱約知道，原來爸爸在外頭有另一個家。被丟在老家的媽媽跟我們幾個兄弟姐妹，是被爸爸拋棄了。

不想被人看不起，加上爸爸的慫恿，媽媽後來決定搬離親戚太多的老家，帶著我們幾個小孩搬到父親跟阿姨住的村子，有一陣子，還幫忙爸爸照顧阿姨，直到爸爸帶著阿姨搬走了，就留下我們孤兒弱母，在新竹小村落討生活。

為了生存，媽媽開了一間小雜貨店，什麼都賣，從小我就會做生意，小學一、二年級就會去批些包子、粽子，挑到田裡、磚窯廠賣，這讓我開始懂得，主動去找客人，才能創造生存機會。

後來住家旁邊的甘蔗田被推開，開始蓋房子，家裡改成小吃店，賣麵、飯給工人吃。我覺得好奇妙，蓋房子的師父是南部來的，台北老闆出錢蓋，買的是新竹的土地，蓋完了再賣給當地人。當時大家開始風行投資房地產，親戚鄰居每個人都去標會買房子，或者自地自建賣起房子，媽媽起了幾個會當會頭。這讓我發現，懂得運用資源的人，才是贏家。

新竹高工板金科畢業後，我本來要去上班賺錢，後來想想社會改變了，要有學歷才能繼續往上爬，才去報考亞東工專。念完二專，本想再去考二技，暑假去機械工廠打工，車床板金什麼都做，做了一個月，覺得對機械沒有熱情，叫我做一輩子會很痛苦，我開始思考自己對什麼有熱情？可惜當時的我，始終沒有找到。

吃素，訓練自己的意志力

當時身邊很多鄰居、朋友，不管高中還是大學畢業，都回到家鄉來，不知道自己要做什麼。結果不是攤開報紙，找分類廣告看自己能幹麼，就是去考公務員，或者勞煩爸媽親戚介紹。我看著這些人，心裡想，活到二十多歲，還得要麻煩爸媽，一般來說，都得再摸索個兩、三年，才會定下來，這對我來說，是人生的浪費。

我捨不得媽媽跟哥哥姊姊辛苦工作供我念書，我想要趕快賺錢自立，減輕他們的負擔，於是決定轉服志願役繼續留在部隊。當軍官除了可以學習領導統御，還可以賺錢，所以簽了四年半的志願役。

後來發現，這四年多的時間，確實收穫很多。

首先是辛苦的磨練。十八歲的時候，我決定吃素，很多人以為是宗教信仰還是許願要還願的關係，但其實都不是。我想要藉此訓練自己的意志力，和信守承諾的決心。

卻沒想到這個決定在軍隊裡遭到挑戰。在陸軍官校受訓的時候，少尉教育班長硬是要我吃肉，不幫我準備素食，我問班長：「那我只吃白飯不吃肉，會不會退訓？」班長回答不會。我就這樣堅持下來，沒有素菜，那就只吃白米飯。

十五天後，部隊拉拔到後山高地進行攻防訓練，班長挑釁：「班兵葉國華，等一下五百障礙，全副武裝，你跑贏我，我就讓你吃素，三餐有菜。輸了，今天起就不准再吃素，開始吃葷食。」

我沒有選擇的接受賭注，槍聲響起，我拚了命往前跑，心中充滿憤怒。我知道班長故意欺負我、刁難我，可是越是這樣，我越不能輸，班長以為我吃素沒有體力，卻沒想到，我咬牙硬是跑贏了他，班長摸摸鼻子沒有話說，我開始有了青菜可以配白飯了。

受到刁難也不放棄對吃素的堅持，對我後來的工作，尤其是服務頂級客戶有很大的幫助。有了這項始終不放棄的訓練，讓我約束、檢核自己，有沒有守住自己的中道和初心。

我服務的客人，財富、能力、學識、歷練，我沒有一樣比得上他們，可是他們卻會尊重我，覺得我是個可以交往的朋友，為什麼？很多人以為是我在地產的專業，能夠滿足他們實際上的投資需求。可是律師、醫生這些工作，專業是基本的必備要求，為什麼不見得都能夠受人尊重呢？

其實是我隱約傳遞出一種正面形象，他們知道我在性格操守上，不會占人便宜，也不會有私心，使他們得以信任。能在充滿金錢遊戲的房地產業界打滾，卻沒有迷失自己，都是我從吃素這件小事著手，鍛鍊出自己堅強意志的關係。

部隊還讓我學到了一件很重要的事，就是「將帥無能累死三軍」。有次全營一個月沒有休假，就是為了準備比賽，讓大家可以放榮譽假，沒想到比賽前，營長卻說，檢查項目跟準備內容有誤差，讓大家白忙一場。

我參加過划龍舟比賽，知道掌舵者的重要性，舵手一歪，不管後面隊友再怎麼整齊用力划船、速度有多快，都沒有辦法奪標。公司也是如此，老闆亂搞，全公司的人都會跟著陪葬。

進仲介業，從白痴做起

我發現挑老闆很重要，絕對不能跟錯人。到永慶房屋面試，跟總經理談完後，我就要求：「可不可以跟董事長見面？」還當場問董事長：「我的年輕歲月要陪著你打拚，你用什麼承諾，讓我追隨你？」

他沒有猶豫，也沒有驚訝，而是把我當一個夥伴一般，仔細解釋：「這個行業，消費者認知很不好，社會地位、認同感都偏低，我們需要新血輪，建立新的服務承諾以及消費者信心。新的生力軍，沒有過去的包袱，可以一起創造出好的行業規範。」

聽完，我知道董事長有想法、遠見，也會珍惜工作夥伴，因此決定好好跟著他打拚。

進永慶房屋之前，我認真思考過自己一輩子要致力於什麼工作，我希望得到的是：最困難、有意義，能賺錢也能認識成功的人，交到成功的朋友、學到很多成功方法的工作。

以我的個性，我沒有辦法投入辦公室的工作，業務工作比較適合，而且學習、成長的挑戰很大。不過賣汽車、保單、物品，都是固定的，不像賣房子變化大，每間房子都有不同的狀況，進入門檻跟生存門檻高，累積下來，我的價值才沒有替代性。我希望我的存在是有意義的，所以挑了這個最難的行業。

到台北，人生地不熟，我被派到大安區，店裡只有十個座位，我是第十一個進來的人，店長隨便拿了張折疊椅，要我先暫坐祕書旁，帶我的學姊年紀比我小，每天罵我笨。過去在部隊我是帶一百多個兵的副連長，到了這裡卻什麼也不是。我心甘情願被她罵，因為我知道，要抵抗她太容易了，可是然後呢？我告訴自己，不如運用這個機會，徹底脫下中尉軍裝，學習如何被領導，補足自己的缺失。

窩在角落，看著人來人往，我心裡很清楚，台北是個競爭激烈的現實社會，這裡隨時有人離職，也不知道我能做多久，所以公司才先把我弄進來，連桌椅都不加。當時我打定主意，不管如何，就算要離職，我也一定要是最後走的那一個。

會進入仲介業，來到台北，選擇永慶房屋，是我經過仔細思考評估，才決定的，既然如此，我就準備不戰到最後一兵一卒，絕不離開戰場。我要求自己，在主管開口詢問前就要做完交付的工作，任何事情不論大小，絕對不能用混的隨便處理，我有目標、有計畫，不讓工作追著我跑，而是主動去掌握住每個工作。

我把自己歸零，被罵笨，乾脆就當自己是白痴，是這個行業的白痴、社會的白癡，每天到處找罵挨，找人吐我口水，找出自己哪裡不好。

整天被罵的日子確實不好受，可是我學會換個心態去想，「罵」是我進入這一行最常碰到的問題，我一定得想辦法解決，不然怎麼待下去？我不停地讓自己碰釘子、被拒絕，就是要累積經驗值，由此學習到客戶在想什麼，問題是什麼，又該怎麼解決。

我把所有的責罵都寫在筆記本裡，下班回到家開始歸納分析，從這裡查探客戶心中真正的想法。

「做了就有機會」每天出門的目的就是找鐵板踢，自討苦吃，巴不得碰到問題，因為碰到問題，才有思考、學習解決問題的機會。越是困難，越是開心「太好了，排除掉一大堆人了。」只要想到破解這個問題的辦法，我就比別人進階一層了。

18 找到工作的意義：幫助別人

踏入仲介第一年，我接到一個電梯大樓的案件，以六百多萬元成交，買方是位單親媽媽，離了婚帶了孩子搬出來，希望找個地方安身立命。她希望簽約後就開始裝潢，付錢過完戶就可以住進去，跟一般過戶後，才開始動工很不一樣。

賣方同意買方的要求，於是先開始裝修動工，結果到稅單簽核下來時卻發現，這間房子因為有個陌生人設籍多年，變成「他戶設籍」，導致無法以自用增值稅報稅，得採非自用增值稅處理，稅金從十二萬多，暴增到六十五萬元。

這位單親媽媽廚具、磁磚也買了，該敲的也敲掉了，交易案變得騎虎難下，如果這個案子因此破局，那麼單親媽媽不但損失裝修費用，還得負責將房子恢復原狀，又是一筆開銷；屋主則損失掉一樁交易；而我也就收不到仲介費，成為三輸的局面。

我想到我母親，當年一個人帶著我們兄弟姊妹出走的辛苦，決心一定要幫她處理好這間房子。

「圓買方的夢，解屋主的痛」不是口號

再三拜託，稅捐處才告訴我在這屋子設籍者，之前的戶籍設在台南一個村落。回頭，我請屋主問問看家裡有沒有人知道這人是誰，屋主查了之後才知道，原來是多年前兒子當兵時，連長的朋友想讓自己的孩子到台北念書，所以拜託屋主兒子讓對方設戶籍。

搞清楚來龍去脈後，我得在一個星期內找到當事人，到稅捐處到案說明，並且簽下沒有繳交過租金的切結書，才能讓稅捐處銷案，將土地增值稅改為自用核發繳納。

我即刻坐台汽中興號下台南，在鄉下地方問了好幾個人，走了兩個多小時，才找到設籍者住家，他家裡人卻說，他已經五年都不見人影了，也不知道怎麼聯

絡。我失望的留下名片，拜託他們若有任何有關設籍者的消息，一定得通知我，就回台北了。

眼見稅單就要到期，後天就是最後期限，沒有提出證明，就得繳交六十多萬元的稅金。屋主家人打電話給我：「台南地檢署來函，要設籍者明天出庭。」我當下決定一定要去那裡看看，也許可以堵到對方，拜託對方跟我一起到台北稅捐稽徵處，當面簽署切結書。

我請屋主兒子陪同，清晨四點出門，開車到台南去，不到八點，就坐在地檢署門口等人，一直到十一點多，屋主兒子終於看見當年的設籍者出現。旁邊還有個壯碩黝黑的男子陪同，男子長相魁梧，手臂上畫滿刺青，看起來有些恐怖。我帶著惶恐跟擔憂，上前把事情原委告訴他，並且請求他讓設籍者跟我到台北一趟，跟稅捐處說明、簽下切結書。

沒想到這位看似兇狠的男子一口答應：「這事情，是我們幫人家搞出來的，就要幫人家處理好。」可是他開砂石車來，不方便就這樣上台北，得把砂石車開回台中港，換了轎車再北上，因此跟我約在台北稅捐處門口碰面。

雖然男子滿口義氣相挺，我還是怕他跑掉，一路在高速公路上跟著他的車，可是下了台中中港交流道，卻失去了蹤影。我只好提著心，坐在北平東路的稅捐處門口等他。

時間一分分流逝，我拜託五點半下班的承辦人先不要走，因為我剛從台南找到人回來，但是高速公路塞車，我拜託她務必幫忙一下。下午五點五十分，那位男士才終於帶著設籍者進去證明，簽切結書，將六十五萬的稅金，瞬間變成了十二萬元。

哭哭啼啼的單親媽媽破涕為笑，賣方對於我的努力非常讚賞，一直拍著我的肩說：「你這個年輕人，真的很不錯！」我彷彿看到當年在媽媽的麵店，被我揹著回家的酒醉伯伯，隔天不好意思地拿著高麗菜、蘿蔔來道謝的感激眼神。當時，我深刻感受到仲介這份工作的意義跟價值，不只是賺錢，而是「圓買方的夢，解屋主的痛」，這句口號，我真實做到了。

這個成交案對我後來的職涯影響很深，也是我「利他」服務觀的啟蒙，我開始要求自己，對客戶的託付一定要使命必達。仲介的存在價值，在於幫客戶解決問題，如果不能協助客戶處理問題，那麼我的工作，還有什麼意義呢？

摩托車後座就是我的辦公室

這之後，我跟多數的仲介不同，別人一心想賺錢，但我除了賺錢，還多了想讓遇上我的客戶，過更好生活的心願。畢竟房子是每個人重要的安居處所，如果能幫忙處理好，等於為客戶解決一大苦惱，接下來，他們可以安心生活、工作、打拚，展開新的人生。

正在努力積極拚搏的時候，我才跟現在的太太交往一年多，她當時在高雄工作，我在台北打拚，每天忙得不可開交，沒空理她，讓她很擔心，追著我問：「你到底要不要娶我？」

太太是東吳經濟系畢業的高材生，我的學歷只有亞東工專。不只如此，當時的我，要錢沒錢，要成就沒成就，我拿什麼去跟她家人談？我告訴她：「我很多同學後來都念了技術學院，甚至碩士班，我不會去學校念書，但我會在社會這所學校裡拿到碩士、博士。」我答應她兩年內當上店長後，拿這個成果去跟她爸媽談婚事，讓她爸媽放心把女兒交給我。

為了達成這個目標，我每天工作超過十五小時，調到前頭所說新店那棟大樓時，拚了命在二十二樓的陽台這一頭爬到另外一頭。就連颱風天，我也閒不下來，大風大雨沒人要看房，還是到工地繞，一腳踩進半人高的水溝裡，因此撿到客戶名片，做成生意。也讓我看到老天爺對努力的人的疼愛，決心一輩子不離開仲介這一行。

這樣努力打拚，我破紀錄的，一年八個月就升上店長。但當上店長後，就能順利娶回嬌妻了嗎？人生從來沒有這麼簡單，除了讓自己擁有足以匹配她的實力外，我還有策略跟方法，一步步取得丈母娘的認同。

聽我老婆說，丈母娘對她管教嚴格，平常沒事會翻她的書桌，觀察她的交友狀況。為了讓丈母娘自然而然認識我，我設計了一連串的過程。

工作三個月後，我升任正式職員，我要老婆把公文拿回去塞在桌子底下，丈母娘偷翻她桌子的時候就會發現，有葉國華這個人存在。接著我在永慶房屋的每一步，從新店大樓成交冠軍、最佳經紀人到銷售冠軍、升上主任、副店長等，每一張獎狀、公文都陸續出現在老婆桌上。丈母娘就會留下：「這年輕人不錯喔！一直在進步」的印象。

直到我升上店長的那年中秋節，我才使出最後一擊，打動未來的丈母娘。我請旗下經紀人幫我買一大束兩千多元的花，送到丈母娘家去，只跟對方說：「是我們店長要我送來的花。」丈母娘當然會問：「你們店長是誰？」這時候「葉國華」三個字一出口，自然威力十足。

婚姻跟工作都在我一步步的計畫、努力下，順利達標。但站上我要的位置後，才發現，一點也不輕鬆，當上店長要付出的時間、精力更多，除了負責創造出全店的業績外，還要幫助經紀人解決工作、交友及情緒低落等問題，好幾年的時間，我的辦公室就在摩托車的座椅上。

我每天坐不同經紀人摩托車的後座，跟著他們去拜訪屋主、帶看屋，從金山、萬里、陽明山、南港、大直、天母、烏來、土城整個大台北地區都跑遍了，就是要在現場發現經紀人的問題與客戶的疑慮，跟他們一起解決，才能順利把房子賣掉，做出業績來，強化經紀人的從業信心。

最困難時是民國八十六年後那段時期，當時房地產景氣急降，大台北邊陲地帶房價甚至腰斬，經紀人一直流失，我擔心人流光了，公司撐不下去，只得關門大吉。我每天帶著經紀人去找屋主、找買方，再回到店裡檢討、擬定策略，協助他們度過難關，累積實力，以免經紀人沒有業績，做不下去，全部走光了。

我每天早上八、九點出門，一直工作到半夜十二點、一點才回家，到家只見到小孩躺著一直變長，從沒看過小孩站著長高的樣子。這麼拚命，卻賺不到什麼錢，當時剛生小孩、又買房子，每個月光是貸款就要付五萬多元，加上孩子的保母費用、生活費，這些支出扣一扣，根本存不到錢。老婆埋怨我為了工作不見人影，甚至懷疑我在外頭另結新歡，否則怎麼會工作時間這麼長，還賺不到什麼錢？一度鬧到差點離婚。

生活壓力真的好大，差點就撐不下去了。

19 利他，讓我成功收割

當時有間房子，經紀人已經賣了好一陣子都乏人問津，再過七天，屋主就要移民加拿大，得想辦法在這之前把房子賣掉，可是完全找不到買方。我沒辦法只是坐在店裡等待奇蹟出現。

我還是每天出門到處掛廣告看板，到了屋主出國前一天，我正在永康街附近的公園旁掛看板，後面有台摩托車不停對我按喇叭。回頭一看，才發現是之前拜訪商圈時認識的陳太太，她看了我的看板表示：「正好住的這間房子賣了，想在附近找一間房子。」於是請我回家喝茶，跟她老公聊聊。

一談之下，陳先生雖然不是很滿意那間在死巷底的房子，可是急著要找房子搬家，加上可以接受價錢，當天就同意簽約成交。我居然在屋主離台前最後一天，成功賣出。

這件事給我很深的啟示，原來天公不是疼憨人，而是疼努力勤奮不懈的人；放棄，很容易也隨時可以做，可是不放棄，終究會有機會。都說「盡人事，聽天命」，可是在聽天命之前，得先問問自己，是不是該想的辦法都做了，所有的人事都盡了呢？

為了走更遠，降調離開老地盤

這件事讓我重振精神，但不久後，公司出了大事。公司幹部偷走二十九箱的客戶文件資料，還挖走六個店長，當時公司只有二十幾家店，一下子少了六個店長，等於四隻桌腳少了一隻，情況很危急。

我一方面要協助公司帶領業務團隊，穩住陣腳，一方面得配合律師蒐證、沙盤推演，在法律上攻防。每天，我跟律師開完會、出完庭後，還得回公司跟董事長報告，從晚上七點一直開到十點，就這樣連續三年，當然也沒有領到什麼獎金，經濟上依然拮据。

我老婆終於受不了了，對我發出最後通牒，不得已，只得請假回家挽救婚姻。休息了一陣子後，我對工作又有不同的想法。

回到公司，我馬上請調天母，到天母店去當店長，當時，我已經在大安區耕耘十多年，位居大安區部長，轄下管了四、五家分店。大安區的每條巷子、每個角落，我都熟悉得很，隨便說個大樓特徵，我馬上就可以知道是哪棟的狀況。

對於我的決定，同事都覺得我腦袋壞了，不但自願降調，還放棄熟悉的地盤，可是我有自己的盤算。我覺得自己還年輕，還有體力打基礎，雖然我對大安區的房產銷售擅長又熟悉，可是如果繼續做下去，雖然安逸，卻很容易就被侷限住了，將來出了大安，我就活不下去。如果不趁現在拓展自己的事業版圖，那麼當區域環境改變，我就會喪失競爭力。

於是我到天母重新開始，又回到坐在摩托車座椅上辦公的生活，陪著經紀人到處跑，看屋、找買方、開發商圈、議價等。等天母經營得差不多，我又調到大直去，再從大直的摩托車座椅上重新出發，哐噹哐噹的在台北市坑坑洞洞的馬路上度過一天又一天。

市場上沒有風的日子，真的很辛苦，四處奔波，卻賺不到錢。民國九十二年，

ＳＡＲＳ來襲，已經低迷的房市，迎來最慘痛的一擊，市場瞬間急凍，交易量溢到谷底，幾乎沒有人要買房。很多經紀人在那時候撐不下去，紛紛離職。

我還是一直跑、一直跑，即使沒有風，手中的風箏怎麼樣都飛不起來，但我不介意，我知道天公在看著，我知道這才是我的機會點。我不停地在各個商圈轉來轉去，學習跟低潮相處，鍛鍊解決問題的能力，這時候，問題多、狀況頻繁，就是絕佳的練功機會。

我繼續往前，歡迎你也加入

我的豪宅市場就是這樣開拓出來的，當時永慶房屋完全沒介入豪宅市場，販售的都是一般公寓產品，就連店面產品也不多。自願降調，被派到天母後，我看著山邊的別墅，看著士林的金店面，心裡想：「這才是這個區域的主力啊！如果沒有賣到，不就白來了這區嗎？」我從這裡努力開拓出豪宅市場，接觸到了豪宅客戶；再被轉調到大直後，面對區域內一間接一間興建的河岸豪宅產品，我已經學會了如何服務、販售豪宅的步驟跟方法，很快地，就建立起豪宅販售權威的品牌，成為公司內的首席豪宅顧問。

SARS風暴終於平息，隔年房地產慢慢復甦，接下來一連走了將近十年的榮景，我等待的風終於吹來了，而且越吹越大，這時候不用跑，光是站著，手上的風箏就可以飛得好高、好遠。有了之前的積累，包括能力、客戶、對不同商圈的了解，都讓我的成交案源源不絕。

業績最高時，光是一個案件佣金就近兩千萬元，每月店業績八、九百萬元跑不掉，單單一季領的獎金就將近兩百萬元，連續幾年，結算下來，每年的收入都在四、五百萬元以上。除了高收入，我用心服務累積下來的高端客戶，也將我推上了「豪宅顧問」的地位，成為公司的首席豪宅銷售高手。我開始站上導師的位置，先在公司內開班授課，接著吸引媒體的注意，進而將授課對象往外拓展，銀行、公家機關、電信、保險等各式各樣的產業，都找我演講授課，我成了行銷業務及房產趨勢專家。

回首來時路，那個鄉下來的窮小子，現在居然一身西裝，氣定神閒地面對台下幾百個、幾千個人侃侃而談。我的確讓自己翻身了！不，或者說，這不是翻身，而是翻山越嶺，攀爬過重重困難的高山後，我才終於站上了這個講台。我準備繼續告訴大家，我是想著別人的需求，靠著「利他」的思維，踏上成功的。我做到了為他人設想也可以成功的房仲服務，親身示範、分享二十幾年的方法和細節，希望有志於此者一起加入利他的行列，為所有屋主、買主創造友善的環境。我繼續往前努力，歡迎大家加入！

首席房產顧問葉國華這樣做，豪宅客戶黏著他

利他，才是房仲該做的事

口　　述	葉國華
執　　筆	鄭心媚
商周集團榮譽發行人	金惟純
商周集團執行長	郭奕伶
視覺顧問	陳栩椿
商業周刊出版部	
總 編 輯	余幸娟
責任編輯	羅惠馨
封面攝影	曾千倚
封面設計	黃聖文
內頁設計、排版	豐禾設計工作室
校　　對	渣渣
出版發行	城邦文化事業股份有限公司 - 商業周刊
地　　址	104 台北市中山區民生東路二段 141 號 4 樓
傳真服務	（02）2503-6989
劃撥帳號	50003033
戶　　名	英屬蓋曼群島商家庭傳媒股份有限公司城邦分公司
網　　站	www.businessweekly.com.tw
製版印刷	中原造像股份有限公司
總 經 銷	高見文化行銷股份有限公司 電話：0800-055365
初版 1 刷	2015 年（民 104 年） 9 月
初版 8.5 刷	2021 年（民 110 年）12 月
定　　價	320 元
ISBN	978-986-91878-8-6

國家圖書館出版品預行編目資料

利他，才是房仲該做的事：首席房產顧問葉國華這樣做，豪宅客戶黏著他 / 葉國華口述，鄭心媚執筆. -- 初版. -- 臺北市 : 城邦商業周刊，民 104.09
面； 公分
ISBN 978-986-91878-8-6（平裝）
1. 不動產業 2. 仲介 3. 銷售
554.89 104016118